HORLOGERIE.

CONTENANT SOIXANTE-QUATRE PLANCHES.

PREMIERE SECTION.

COMME la partie de l'Horlogerie a été succeſſivement augmentée, & qu'il convenoit de rapprocher les unes des autres les Planches qui contiennent des matieres ou des ouvrages de même eſpece, on a pris le parti d'inter-caler les nouvelles Planches dans les anciennes ; mais pour ne pas troubler l'ordre des numéros ſous leſquels elles étoient citées, & par leſquels ces anciennes Planches ſont fréquemment déſignées dans l'Encyclopédie, on a coté les nouvelles du même numéro que les anciennes qu'elles ſuivent, en les diſtinguant par 1. *ſuite*, 2. *ſuite*, 3. *ſuite*, &c. de telle ou telle Planche ; & pour prévenir toute confuſion, on a ajouté à chaque Planche un nouveau carac-tere ou une nouvelle ſignature à l'angle inférieur & extérieur de chacune, compoſée des lettres de l'alphabet dans leur ordre naturel, répétées autant de fois qu'il a été néceſſaire, ainſi qu'il eſt marqué dans la table ſuivante.

L'Horlogerie peut être confidérée comme étant la fcience des mouvemens; car c'eft par elle que le tems, l'efpace, & la vîteffe, font exactement mefurés, & par-conféquent toutes les fciences qui ont rapport au mouvement lui font en quelque forte fubordonnées.

Mais fans s'arrêter à cette dénomination générale, nous pouvons dire que l'objet principal & effentiel de l'Horlogerie eft de divifer & fubdivifer le tems en très-petites parties égales, & de les mefurer.

Que l'utilité d'une mefure de tems fe manifefte dans toutes les fciences ou arts qui ont pour objet le mouvement; par exemple, dans l'Aftronomie, pour annoncer le retour des aftres fur l'horifon, apprécier l'inégalité de leur courfe, & même perfectionner la Chronologie.

C'eft pour cela que les Horlogers ont imaginé les fpheres mouvantes qui repréfentent l'état du ciel, où tous les aftres fe meuvent dans le rapport de leur vîteffe relative pour un grand nombre d'années. *Voyez* SPHERE MOUVANTE.

Dans la Navigation, pour mefurer la vîteffe du vaiffeau, & déterminer fa route. *Voyez* LOCH, & *l'article* SILLAGE.

Dans la Méchanique, pour diftribuer à propos & avec économie la force, & le tems qu'elle emploie dans les machines pour produire les plus grands effets, *voyez* MÉCHANIQUE, où l'on perd toujours en tems ce que l'on gagne en force.

C'eft par le moyen d'une mefure du tems que l'on peut juger de l'intervalle toujours variable, qu'il y a du fommeil au réveil.

Enfin fi l'on parvient jamais à trouver la mefure du tems fur mer comme fur terre, le fameux problème des longitudes fera réfolu, & la Navigation, comme la Géographie, fera perfectionnée.

L'Horlogerie emploie diverfes machines pour mefurer le tems; les plus connues font les pendules & les montres.

L'on pourroit y comprendre bien d'autres machines qu'on a faites pour mefurer le tems par le moyen de *l'eau*, de *l'air*, du *feu*, & de la *terre*, &c. On peut voir fur cela le *Traité des horloges élémentaires* de Dominique Martinelli Spolette, italien, imprimé à Venife en 1663, traduit en françois.

Mais comme tous ces moyens font imparfaits, en comparaifon de ceux qu'on emploie dans les pendules & dans les montres, on les a tous abandonnés, & par cette raifon nous ne nous y arrêterons pas.

Nous nous bornerons feulement à dire tout fimplement & en abrégé, ce que c'eft que l'Horlogerie; ce qu'elle renferme d'effentiel; comment elle divife & mefure le tems; quelles font les principales difficultés qu'elle trouve dans la pratique & dans la théorie; enfin quelles font auffi celles qui lui échappent, & qui jufqu'à préfent n'ont pû lui être affujetties.

Pour dire ce que c'eft que l'Horlogerie, il faut commencer par ce qu'on y fait. Ainfi notre premier objet va être la pratique, qui confifte à *forger*, *limer*, *tourner* toutes fortes de matieres, à acquérir le coup-d'œil jufte pour juger avec intelligence de toutes les formes qu'on eft obligé de donner à de certaines pieces, dont la délicateffe ne fauroit être foumife à aucune mefure; enforte qu'on ne doit entendre par bon praticien capable d'une bonne exécution, que celui qui peut joindre à un travail affidu des difpofitions naturelles, comme une bonne vue, & un tact très-délicat.

Les mains, les outils, les inftrumens, les machines, font tous des moyens différens que les Horlogers emploient dans leurs ouvrages. Les mains commencent, les outils aident, les inftrumens perfectionnent, & les machines abregent le tems.

L'Horlogerie fait ufage de tous les métaux. La premiere opération eft de les forger pour les durcir: c'eft ce que les Horlogers entendent par *écrouir*. Mais fans entrer dans le détail de ce que c'eft que l'enclume & le marteau, je dirai que pour bien faire cette opération, il faut que la force des coups foit d'autant plus grande, que la matiere eft plus molle & fufceptible d'extenfion, & frapper les coups de marteau fur la piece, du centre à la circonférence, en diminuant la force des coups.

L'ufage & l'expérience du marteau donnent le fentiment qu'il faut avoir en tenant la piece à forger d'une main & le marteau de l'autre; il faut, dis-je, que le fentiment des deux mains concoure à faire enforte que chaque coup de marteau corresponde au point de contact, & à fentir que toutes les parties foient également durcies, également tendues, & dans le même plan.

L'or eft de tous les métaux celui qui eft le plus fufceptible d'extenfion, néanmoins il peut fe durcir & acquerir beaucoup d'élafticité; après lui l'argent, le cuivre, & l'étain. Le plomb ne m'a jamais paru fe durcir au marteau, quelque précaution que j'aye pû prendre, & s'il montre quelque figne d'élafticité, c'eft plutôt au fortir de la fonte qu'après avoir été forgé.

L'Horlogerie n'emploie que peu de matieres pures. Le cuivre jaune qu'elle emploie ordinairement eft un mélange de cuivre rouge avec la calamine fondus enfemble, nommé *laiton*.

L'or, l'argent, font auffi alliés avec du cuivre, ce qui procure à tous les métaux une qualité plus aifée pour les travailler: c'eft par ce mélange que la matiere devient plus feche & moins graffe; ce qui fait qu'elle fe durcit plutôt au marteau, qu'elle fe lime, perce, & coupe mieux.

Le mercure n'étant point malléable, l'on ne s'en fert que pour dorer les ouvrages en en formant un amalgame avec de l'or pur.

Le fer, cette noble & précieufe matiere, fans laquelle l'on ne tireroit point d'utilité d'aucune autre, eft la bafe par laquelle tous les arts exercent leur empire.

Tous les arts en font ufage, & l'Horlogerie en particulier ne fauroit s'en paffer. Auffi peut-on dire que cet art a plus contribué à perfectionner ce métal qu'aucun autre, par la précifion, la dureté, la délicateffe qu'il exige dans la plûpart de fes parties.

L'on ne fait guere ufage du fer pur que pour les groffes horloges; mais pour l'horlogerie moyenne & en petit, il faut qu'il foit converti en acier. Il faut même pour cette derniere qu'il foit le plus parfait, fans quoi il eft impoffible de faire une bonne montre.

Le fer converti en acier eft très-différent des autres métaux; car ayant la qualité commune de fe durcir au marteau, il en a de plus une admirable & particuliere, celle de fe durcir très-promtement par le moyen du feu: car fi l'on fait chauffer vivement un morceau d'acier jufqu'à ce qu'il devienne d'un rouge couleur de charbon allumé, & qu'on le retire, & qu'on le plonge fubitement dans l'eau froide (alors c'eft ce que l'on appelle de *l'acier trempé*); dans cet état il eft fi dur qu'il n'eft plus poffible de lui faire fupporter le marteau; il fe cafferoit & fe briferoit comme du verre.

Mais comme l'on a befoin de travailler l'acier après qu'il eft trempé, on en diminue la dureté par le moyen fuivant.

On le blanchit en le frottant de pierre ponce, ou de telle autre capable de lui ôter la croute noire que la trempe lui a donnée. Enfuite on le met fur un feu doux, & à mefure que l'acier s'échauffe, il paffe fucceffivement d'une couleur à une autre dans l'ordre fuivant: un *jaune paille* jufqu'à un plus foncé, *rouge*, *violet*, *bleu*, *couleur d'eau* ou *verdâtre*, jufqu'à grifâtre ou blanchâtre, après quoi l'on ne remarque plus rien dans fa couleur, qui refte fenfiblement la même.

Faire paffer fon acier par ces différentes couleurs que le feu lui donne, c'eft ce qu'on appelle *revenir* ou *donner du recuit*; ainfi jaune, rouge, violet, &c. font des degrés de ramolliffement plus ou moins grands, felon qu'on le defire, & fuivant les effets auxquels on le deftine.

On appelle *avoir trop fait revenir fon acier*, lorfqu'on le laiffe paffer de la couleur où on le fouhaite à une des fuivantes; & lorfque la chaleur eft affez grande pour lui faire paffer toutes fes couleurs & reprendre celle de charbon allumé; fi on le laiffe refroidir, c'eft ce qu'on appelle alors de *l'acier recuit* ou *détrempé*.

Il y a plufieurs fortes d'acier qui different à la trempe. Les uns deviennent plus durs que d'autres par le même degré de chaleur; de même auffi lorfqu'on veut leur donner du recuit ou ramolliffement, il arrive que les uns le font plus à la couleur jaune, que d'autres à la

RECUEIL

DE PLANCHES,

SUR

LES SCIENCES,

LES ARTS LIBÉRAUX,

ET

LES ARTS MÉCHANIQUES,

AVEC LEUR EXPLICATION.

HORLOGERIE

A PARIS,

AVEC APPROBATION ET PRIVILEGE DU ROY.

couleur bleue : d'où il fuit que les bons praticiens qui veulent les connoître en font diverfes épreuves.

De même que l'on a befoin de durcir l'acier, il faut auffi quelquefois le rendre mou pour le travailler avec facilité, & cette opération confifte à le faire rougir lentement jufqu'à ce qu'il atteigne la couleur du charbon allumé; alors il faut le laiffer refroidir & le feu s'éteindre, en fe confumant le plus lentement auffi qu'il fera poffible, & couvrant le tout de cendres.

L'acier ayant donc la qualité de fe durcir plus que les autres métaux, eft celui par cette raifon, qui acquiert le plus la qualité d'élaftique : c'eft pourquoi l'on en fait ufage pour les refforts de montres & de pendules; & cette qualité leur tient lieu de poids pour les animer & les faire marcher. *Voyez* RESSORT MOTEUR.

Quand on fait ainfi forger ou écrouir toutes fortes de matieres, il faut prendre une piece préparée par le marteau pour la limer & lui donner la figure dont on a befoin : cette opération a deux parties.

La premiere, on met la piece à l'étau, & l'on prend une lime convenable, la tenant par les deux extrémités, la pointe de la main gauche & le manche de la main droite. On la pouffe en l'appuyant fur l'ouvrage pour la faire mordre de la main droite fur la gauche, & on la retire fans appuyer. L'on continue alternativement jufqu'à ce que l'on ait ôté toute la matiere excédente à la figure que l'on veut donner,

Pour bien limer il faut favoir faire prendre à la lime un mouvement rectiligne, fans lequel il eft impoffible de bien dreffer un ouvrage. Ce mouvement rectiligne eft fi difficile, qu'il n'y a que la grande pratique qui le donne aux uns, tandis que d'autres le prennent prefque naturellement.

La feconde partie de l'opération requife pour bien limer eft de prendre à la main la piece dégroffie, ou avec la tenaille. Alors la main droite tient la lime, & fait elle feule, toujours par un mouvement rectiligne, la fonction que les deux mains faifoient.

Avoir le tact & le fentiment délicat pour produire ces mouvemens avec facilité fur de grandes comme fur de petites furfaces, c'eft ce qu'on entend par *bien manier la lime*, & *avoir une bonne main*.

A l'ufage de la lime fuccede celui du tour. La piece qu'il faut tourner étant préparée pour être mife fur le tour, & l'archet étant ajufté pour faire tourner la piece, l'on préfente l'inftrument tranchant, en faifant enforte que le point d'attouchement faffe à-peu-près un angle de quarante-cinq degrés fur le prolongement ou rayon fur lequel il agit.

La délicateffe de la main pour bien tourner, confifte à favoir préfenter fon burin en faifant l'angle indiqué, de ne l'appuyer ni trop ni trop peu, lorfqu'il commence à couper, ce que l'expérience apprendra mieux que ce que l'on diroit ici.

Enfin étant parvenu à favoir forger, limer, & tourner toutes fortes de matieres, l'on eft en état de commencer une piece d'horlogerie.

Pour-lors il en faut prendre une pour modele, la copier, en commençant par les pieces les plus aifées, & fucceffivement finir par les plus difficiles. *Voyez le développement d'une montre, Pl. X. & fuivantes.*

On verra facilement que les pieces les plus aifées font celles qui contiennent le moteur, & qui fucceffivement communiquent jufqu'au régulateur, qui fe trouve être la derniere & la plus difficile.

Si après une fuite de pratique & d'expériences l'on eft enfin capable d'une exécution précife & délicate, alors feulement l'on peut commencer à raifonner avec fon ouvrage & fe faire une théorie.

La théorie dont il eft queftion eft infiniment fubtile, car elle tient à ce que les mathématiques ont de plus profond fur la fcience des mouvemens; & ce qui la rend encore plus difficile, c'eft qu'elle eft dépendante d'une parfaite exécution, & qu'il n'y a rien de fi difficile que de les réunir l'une & l'autre pour en faire une bonne application: par conféquent il eft impoffible de dire tout ce qu'il faudroit fur ce fujet. Nous nous bornerons donc à expofer les principes effentiels dont il eft à propos de faire ufage dans la mefure du tems.

On diftingue dans la nature deux fortes de quantité; l'une qu'on nomme quantité continue, & qui n'eft autre chofe que l'efpace ou l'étendue; l'autre quantité fucceffive, qui n'eft autre chofe que la durée ou le tems. Mais ces deux quantités très-diftinctes en elles-mêmes, ont cependant une telle connexion entr'elles, qu'on ne peut mefurer l'une que par le moyen de l'autre, leurs propriétés étant abfolument les mêmes. En effet, on ne peut mefurer le tems qu'en parcourant de l'efpace; & au contraire on ne peut mefurer de l'efpace qu'en employant du tems à le parcourir. La comparaifon de ces deux quantités fournit l'idée du mouvement: celui-ci renferme néceffairement celle d'une force ou caufe du mouvement, par conféquent de l'efpace parcouru, & d'un tems employé à le parcourir. C'eft de ces deux dernieres idées qu'on tire celle de la vîteffe. L'on fait que la vîteffe eft égale à l'efpace divifé par le tems, ou le tems eft le quotient de l'efpace divifé par la vîteffe; d'où il fuit que le rapport inverfe de l'efpace à la vîteffe eft la véritable mefure du tems. Si l'on conçoit un corps en mouvement, de telle forte qu'il parcoure en tems égaux des efpaces égaux fur une ligne droite, & qu'on divife cette ligne en parties égales, l'on aura bien des parties égales de tems; mais pour peu que la vîteffe du corps fût fenfible & que le tems à mefurer fût grand, il parcourroit bien-tôt une fi grande étendue qu'elle feroit inapplicable à aucune machine; deforte qu'il faut fubftituer au mouvement rectiligne un mouvement circulaire, ou bien des portions circulaires répétées, tel qu'un poids fufpendu qui décrit des arcs de cercle: & en rendant ces mouvemens alternatifs ou réciproques fur eux-mêmes, ils acquierent le nom de *vibrations* ou d'*ofcillations :* deforte qu'un corps qui parcourt le même efpace en fuivant ces mouvemens, n'a pas moins la propriété de mefurer le tems. Alors le tems fera égal à l'efpace multiplié par le nombre des vibrations, ce qui eft évidemment l'efpace répété divifé par la vîteffe; d'où il fuit qu'on peut à la formule ordinaire du $T = \frac{E}{V}$ fubftituer celle-ci $T = \frac{EN}{V}$ & par-conféquent on pourra tirer des vibrations toutes les analogies qu'on tire ordinairement de l'efpace & du tems.

Mais puifqu'il eft queftion de mefurer le tems par le moyen des vibrations ou ofcillations, il faut voir fi dans la nature il n'y auroit point quelque moyen qui pût remplir cet objet, afin de le mettre en pratique : car l'on peut bien croire que les moyens qu'elle nous fournira feront infiniment plus parfaits, plus conftans qu'aucuns de ceux qu'on pourroit retirer de l'art: il s'en préfente de deux fortes, la pefanteur & l'élafticité.

La pefanteur détermine les ofcillations toutes les fois qu'on fufpendra un corps à l'extrémité d'un fil, & que l'autre extrémité fera attachée à une voute ou à une hauteur quelconque. Le poids étant en repos tiendra le fil dans fa verticale, par-conféquent dans la direction de fa pefanteur : & fi par quelque moyen l'on retire le poids de la verticale & qu'on l'abandonne à la feule pefanteur, non-feulement elle le ramenera dans la verticale ou ligne de repos, elle le fera encore paffer de l'autre côté & remonter à la même hauteur d'où il étoit defcendu. Comme la pefanteur agira également dans la feconde ofcillation comme dans la premiere, il fuit qu'il continuera fans fin fes ofcillations fi rien ne s'oppofe à fon mouvement. Mais comme l'on ne peut faire faire ces ofcillations que dans un milieu réfiftant, & que le point de fufpenfion éprouve un frottement, il fuit que les ofcillations diminueront fenfiblement d'étendue, & qu'enfin ce corps s'arrêtera : c'eft pourquoi il faut avoir recours à une méchanique capable de lui renouveller le mouvement: c'eft l'objet de l'échappement dans les pendules.

Mais fi la pefanteur nous fournit des ofcillations pour les pendules, l'élafticité les fournira pour les montres. Car que l'on fe repréfente une corde tendue, & qu'on vienne par quelque moyen à tirer cette corde de fon repos, l'élafticité non-feulement la ramenera dans cette ligne, elle la fera encore paffer de l'autre côté, & elle continuera fes allées & venues alternativement, en perdant fenfiblement de l'étendue de fes vibrations, jufqu'à ce qu'enfin elle s'arrête. Si la puiffance élaftique é,toit auffi conftante que la pefanteur, & que rien ne s'oppofât à fon mouvement, la corde continueroit fans fin fes vibrations : mais le milieu qui refifte au poids, refifte également aux vibrations de la corde : nous faifons dans l'un & l'autre cas abftraction des frottemens.

Les Phyficiens ayant découvert les lois de la pefanteur, ont déterminé les tems où un corps fufpendu, tel que le pendule fimple, acheve une de fes ofcillations. *Voyez* ACCÉLÉRATION. De-là ils ont établi une théorie infiniment profonde, qui détermine tous les tems dans lefquels un corps fufpendu à des hauteurs quelconques & de différente figure, acheve fes ofcillations. *Voyez* fur cela l'ouvrage de M. Huyghens, fur le *mouvement des pendules*.

Non-feulement ils ont déterminé les tems des ofcillations d'un corps qui parcourt des efpaces égaux en tems égaux; ils ont encore découvert la courbe, où un corps, en vertu de la pefanteur, peut parcourir des efpaces très-inégaux, toujours en tems égaux. *Voyez* CICLOIDE & BRACHYSTOCRONE.

Enfin les Phyficiens ont déterminé qu'un poids quelconque qui tombe par une chûte libre, en vertu de la pefanteur, emploie une feconde de tems à tomber de quinze piés, & que ce même corps fufpendu à un fil de trois piés huit lignes & demie, emploie également une feconde à achever une de fes ofcillations, ce qui fert de point fixe pour calculer tous les tems des différentes hauteurs d'où un corps peut defcendre. *Voyez* DESCENTE & CHUTE.

De même que les Phyficiens ont établi la théorie des ofcillations des corps fufpendus, ils ont auffi établi la théorie des vibrations des cordes tendues.

L'on fait que les vibrations des cordes font d'autant plus promtes qu'elles font plus légeres, plus courtes, & que les forces ou les poids qui les tendent font plus grands, & réciproquement elles font d'autant plus lentes qu'elles ont plus de maffe, de longueur, & que les forces ou poids qui les tendent moindres.

La maniere d'ébranler les cordes foit qu'on les pince, foit qu'on les frotte, ne change rien au tems de leurs vibrations. Les efpaces que la corde parcourt par les vibrations font d'autant plus grands, que les vibrations font plus lentes, & réciproquement.

Il en eft de même des balanciers avec leurs refforts fpiraux. Leurs vibrations font d'autant plus promtes que le balancier eft plus petit, qu'il a moins de maffe, & que fon reffort fpiral eft plus fort ; & réciproquement elles font d'autant plus lentes que le balancier eft plus grand, plus pefant, & fon reffort fpiral plus foible. La maniere d'ébranler les balanciers pour leur faire faire des vibrations ne change rien, ou prefque rien, au tems de leurs vibrations.

Les arcs que les balanciers décrivent par leurs vibrations font d'autant plus grands qu'elles font plus lentes, & réciproquement.

L'on fait que la loi de la pefanteur fait les tems des ofcillations des pendules, en raifon inverfe des racines quarrées des longueurs du pendule. L'on fait de même que, par la loi de l'élafticité, on détermine les tems des vibrations des cordes, en raifon inverfe de la racine quarrée des poids qui les tendent. Or je trouve au balancier avec fon fpiral la même propriété qu'à la corde vibrante. Il s'enfuit donc qu'on peut avoir un régulateur élaftique, comme le pendule l'eft par la pefanteur. J'ai fait plufieurs comparaifons de la formule des cordes vibrantes avec celle du balancier ; mais comme ceci ne s'adrefferoit qu'au géometre, il me convient d'autant plus de leur laiffer le plaifir de fuivre eux-mêmes ces comparaifons, qu'ils y peuvent mettre une élégance dont je ne me fens pas capable.

La nature ayant donc fourni le moyen de mefurer de petites parties de tems avec une exactitude prefque parfaite, il eft de l'habileté de l'horloger de ne point s'en écarter & de favoir en faire ufage fans troubler ni altérer l'uniformité de fes opérations.

Mais un poids fufpendu qui fait quelques ofcillations s'arrêtera bien-tôt, fi on ne cherche les moyens de l'entretenir en mouvement : c'eft-là le point qui a donné naiffance à l'Horlogerie.

De très-fimple que fe trouvoit la mefure du tems, elle va devenir très-compliquée, & par-conféquent d'autant moins exacte.

1°. Que le méchanifme qui agit fur le pendule fera moins parfait pour entretenir la conftance dans l'étendue, les arcs qu'il peut décrire étant abandonnés à fa feule pefanteur.

2°. Que l'on multipliera le poids & les roues pour faire aller plus long-tems les pendules fans avoir befoin de les monter.

3°. Que l'on voudra leur faire faire le plus d'effets, comme de fonner les heures & les quarts, de montrer les variations du foleil, le quantieme du mois, de la lune, &c.

Malgré toutes ces multiplications d'effets, une pendule qui eft animée par le moyen d'un poids, & qui eft reglée par un pendule qui bat les fecondes, mefure encore le tems avec beaucoup d'exactitude. Mais cette jufteffe eft bien-tôt altérée, lorfque pour quelques commodités d'ornemens, l'on vient à fupprimer les poids & raccourcir le pendule au point de ne lui faire battre que les demies, les tiers ou quarts de fecondes, &c. telles font les pendules d'appartement.

Par une fuite de commodités, l'on a bien-tôt voulu porter la mefure du tems dans la poche : voilà l'origine des montres. Mais combien n'a-t-on pas perdu de la jufteffe & de la précifion ?

Au pendule qui faifoit fes ofcillations en vertu de la pefanteur (*voyez* RÉGULATEUR), on a fubftitué un balancier avec fon reffort fpiral infiniment moins régulier. *Voyez* VIBRATION.

Au conftant qui entretenoit le pendule en mouvement, l'on a fubftitué un reffort fujet à mille imperfections, à caffer, à fe rendre, & à des inégalités auxquelles on ne remédie qu'en partie. *Voyez* RESSORT MOTEUR.

Au poids conftant des pendules en place dans la pofition la plus avantageufe pour toute la méchanique des mouvemens, & dans une température à-peu-près égale, l'on fubftitue alternativement de les porter par toutes fortes de fecouffes, & de les mettre en repos dans différentes pofitions & températures.

Enfin à une exécution aifée on en a fubftitué une infiniment difficile, & l'on peut dire que les obftacles fe multiplient ici autant que le volume des montres diminue, & que leur compofition augmente. *V.* MONTRE.

Mais ne peut-on pas faire cette queftion ? Si l'exécution & la théorie des montres eft fi difficile, pourquoi en voit-on quelquefois de mal faites qui vont bien, tandis que l'on en voit de bien faites qui vont mal ? C'eft une vérité qu'il n'eft pas poffible de révoquer en doute, & qui mérite un éclairciffement, moins pour l'honneur des artiftes que pour la honte des ignorans.

L'on fait que pour conftruire une excellente montre il faut, comme je l'ai déjà dit, réunir à une fupérieure exécution une théorie des plus fubtiles. Manque-t-on le plus petit objet dans le détail & la précifion qu'il demande, la montre va mal : pour cela eft-on en droit d'en conclure qu'elle eft mauvaife ? Non affurément ; il fuffira même pour la corriger de la remettre à l'artifte qui l'a conftruite, il eft plus en état qu'aucun autre d'y remédier. Il fuffit pour cela qu'il faffe une exacte revifion des parties, qu'il prenne le foin de la voir marcher quelque tems ; alors quelque fubtil que foit le défaut, il n'échappera point à fon intelligence.

Il s'en faut bien qu'il en foit ainfi de la mauvaife montre qui va bien : c'eft à la concurrence de fes défauts en tout genre qu'elle doit fa jufteffe apparente, il fuffiroit même d'en corriger un feul pour la voir mal aller.

Mais comme il fe trouve une caufe commune qui fait généralement varier toutes les montres, mais bien plus les mauvaifes que les bonnes, indépendamment de leur conftruction & de leur exécution, il eft bon que j'en donne une idée telle que l'expérience me l'a fouvent fournie, d'autant plus que cette caufe n'a pû être affujettie à aucune jufte eftimation, ni par le phyficien, ni par le praticien : c'eft la derniere difficulté que je me fuis propofé de faire connoître dans cet *article*.

Dans toutes fortes de machines compofées, telle
                                                    qu'une

qu'une montré bien ou mal faite, il y a plusieurs mobiles, qui se communiquent le mouvement en vertu d'une premiere cause ou force motrice.

Dans cette communication il se présente deux résistances; l'une qui résulte dans la masse du mobile, & l'autre dans le dégagement des parties qui étant appliquées sur le mobile pour lui communiquer le mouvement, pénetrent un peu ce mobile par l'inégalité des surfaces des parties antérieure & postérieure qui lui servent de point d'appui.

C'est de cette pénétration réciproque des parties insensibles de la surface que résulte la résistance qu'on appelle *le frottement*.

Mais comme l'on ne connoit absolument point la nature des matieres ni le tissu des surfaces, l'on ne peut connoître celle des frottemens; c'est pourquoi l'on n'a pû jusqu'à présent, avec les raisonnemens les plus subtils & les expériences les plus exactes, établir aucune théorie générale qui détermine exactement la mesure de cette résistance.

Mais supposé qu'on trouve par quelques moyens la valeur de cette résistance, ce qui pourroit suffire à presque toutes les machines en général, seroit encore bienloin de l'être à l'Horlogerie en particulier: car ce ne seroit pas assez de savoir combien cette résistance épuiseroit de force, il faudroit encore y faire entrer le tems employé à l'épuiser.

Ainsi dans différentes machines, les effets peuvent bien être les mêmes & les parties de tems varier, sans que cela tire à conséquence pour le résultat de la machine.

Mais dans l'Horlogerie, les plus petites parties de tems doivent être toutes égales entr'elles; d'où il suit que cet art exige nécessairement deux connoissances dans le frottement: 1°. la force nécessaire à le vaincre: 2°. le tems qu'elle y emploie. Ces deux causes qui se combinent de tant de façons différentes, font la source d'une infinité de variations qui se rencontrent dans l'Horlogerie.

Pour donner une idée de la difficulté d'établir aucune théorie sur le frottement, relativement à l'Horlogerie, il faut savoir que d'après les expériences les plus exactes & souvent répétées (toutes choses d'ailleurs égales dans les surfaces frottantes, au moins autant que la vue seule peut le faire connoître, & sans appercevoir aucune différence assignable, quoiqu'il soit fort probable qu'il y en avoit en effet): l'on trouve, dis-je, par des expériences répétées, des résultats qui different entr'eux; c'est-à-dire qu'il faut quelquefois plus ou moins de force pour vaincre le même frottement: & par la même raison on voit aussi de la différence dans le tems employé à le vaincre: ensorte que l'on ne peut par aucun raisonnement ni par l'expérience, estimer précisément cette résistance, ni le tems employé à la vaincre.

Tout ce qu'on pourroit avancer de plus positif sur cette matiere, d'après ces mêmes expériences, c'est que les variations que le frottement présente, soit dans la force, soit dans le tems, se trouvent entre de certaines limites qui sont d'autant plus étroites, que les surfaces frottantes sont moins étendues, plus dures, plus polies, & qu'elles paroissent avoir le moins changé d'état: & c'est précisément le cas où se trouve une montre bien faite.

Et au-contraire, les variations sont d'autant plus grandes, que les surfaces sont plus étendues, moins dures & moins polies, & par-conséquent plus sujettes à recevoir des changemens; & c'est le cas où les mauvaises montres se trouvent.

Mais quoique les variations d'une mauvaise montre soient très-grandes, rien n'empêche rigoureusement, que par une suite de ces mêmes variations, il ne s'en puisse trouver quelquefois qui aillent bien pendant un certain tems: & bien-loin qu'une telle montre puisse être imitée dans cette régularité momentanée, la cause en est tellement compliquée qu'elle tient au résultat d'un enchaînement de défauts multipliés par le frottement, qui, se compensant les uns par les autres, produisent cette heureuse combinaison que toute la science de l'horloger ne sauroit prévoir ni assigner: ensorte qu'on ne peut regarder cela que comme un effet du hasard, aussi n'arrive-t-il que rarement.

Si d'un autre côté l'on joint les principales causes morales, qui font quelquefois trouver bonne une mauvaise montre, l'on verra que pour l'ordinaire elles consistent en ce que la montre coutant peu, le propriétaire en exige moins de régularité, & ne prend pas même le soin de la suivre sur une bonne pendule. S'il lui arrive de la comparer au méridien, & qu'elle s'y trouve juste, il conclut que sa montre est parfaite, dans le tems même que, pour l'être, elle devroit paroître autant avancer ou retarder sur le soleil qu'il a lui-même de ces erreurs en différens tems de l'année. L'oubli quelquefois de les monter est encore avantageux aux mauvaises montres, parce que cela fournissant l'occasion de remettre à l'heure, les erreurs ne s'accumulent pas.

Il suit de tout cela, que le peu d'intelligence qu'elles exigent, & qui se borne à faire qu'elles n'arrêtent pas, contribue à les multiplier. C'est en quoi beaucoup d'horlogers font tellement consister toute leur science, que la plûpart n'ayant fait aucune preuve de capacité, ignorent parfaitement que les montres varient, & ils se contentent même dans leur pratique, de copier autant qu'ils le peuvent les habiles artistes, sans pénétrer les vues qui les ont dirigés dans leurs pénibles recherches; & par une suite des fatalités humaines, ils moissonnent souvent avec facilité ce que les autres ont semé avec beaucoup de peine.

Il suit encore que l'Horlogerie est peut-être de tous les arts celui où l'ignorance devroit être le moins tolérée; 1°. parce qu'une mauvaise montre ne remplit aucun but, puisqu'on ne peut compter sur elle pour savoir l'heure; 2°. parce qu'il est trop facile de faire marcher la plus mauvaise montre pendant quelque tems, & que l'épreuve de quelques mois est équivoque & ne prouve rien: enfin parce qu'une mauvaise montre peut avoir l'apparence d'une bonne, & que par cela même il est trop aisé de tromper le public, sur-tout si l'on fait attention que pour les vendre avec plus de facilité, l'on y fait graver impunément les noms des plus habiles artistes, ce qui devient funeste à l'art en général & à l'artiste en particulier. Un objet de cette importance, qui intéresse le public, ne pourroit-il en être une de consideration de la part du gouvernement?

Il suit enfin de toutes ces réflexions, que pour avoir de la bonne horlogerie, il faut absolument s'adresser directement aux habiles artistes, si l'on veut être assuré de n'être point trompé.

Il ne sera peut-être pas hors de place de tracer ici l'historique de la perfection de l'Horlogerie en France, où elle s'est rendue si supérieure depuis quarante ans, qu'elle s'est acquise la plus haute réputation chez l'étranger même, qui la prefere actuellement à toute autre, parce qu'elle l'emporte véritablement par la bonté & par le goût.

Sous le regne de Louis XIV. tous les arts furent perfectionnés, l'Horlogerie seule en fut exceptée, soit qu'on n'y pensât pas, soit que le préjugé où l'on étoit alors de la bonté des ouvrages d'Angleterre, sur-tout de ceux de méchanique, fût encore trop fort, elle resta dans un état de médiocrité qui ne la fit pas rechercher.

La régence fut l'époque de son changement. Law, cet ingénieux ministre des finances, se proposa de perfectionner l'Horlogerie, & de conserver à la France par ce moyen, des sommes qu'elle faisoit passer en Angleterre en retour de la sienne. Dans ce dessein il attira beaucoup d'Anglois, il en forma une fabrique dont M. de Suly, qui avait pour l'Horlogerie plus de génie que de talens, fut nommé directeur. Mais cette fabrique étoit trop bien imaginée pour que la jalousie angloise la laissât long-tems subsister. Bien-tôt elle rappella ses sujets. La plûpart s'en retournerent, & ne laisserent après eux que l'émulation établie par la concurrence. Julien le Roi parut, qui avoit de son côté pour cet art plus de talens que de génie. Il fut connu de Suly, en fut protégé, encouragé, & devint tellement amateur des bons ouvrages, que dès-lors il n'employa plus que de bons ouvriers, ou de ceux qui montroient des dispositions à le devenir. Il prit de l'horlogerie françoise & angloise ce qu'il y avoit de bon. Il supprima de celle-ci les doubles boîtes, les timbres, & tous les secrets employés pour rendre les ouvrages plus difficiles à être démontés & réparés; de l'autre ces vains ornemens qui embellissent l'ouvrage sans le rendre meilleur : enfin il composa, si l'on peut dire ainsi, une horlogerie mixte, en la rendant plus simple dans ses effets, plus aisée dans sa construction, & plus facile à être réparée & conservée. Et si son génie fut moins propre aux inventions tendantes à rendre les montres plus justes, il ne s'est pas moins acquis beaucoup de célébrité par l'amour de son art, son application à faire des recherches, & par quelques heureuses tentatives.

L'on peut distinguer cinq parties essentielles dans l'Horlogerie.

1°. La force motrice de la pesanteur ou du ressort.

2°. Les engrenages qui transmettent cette force sur le régulateur.

3°. L'échappement & son méchanisme pour entretenir le mouvement avec le moins de force sur le régulateur.

4°. Le régulateur & sa figure pour l'intensité de sa puissance.

5°. La quantité de vibrations qu'on doit donner aux montres.

A s'en rapporter même à l'éloge fait par le fils du célebre auteur françois dont on vient parler, n'est-il pas surprenant qu'il n'ait fait aucunes découvertes ni perfectionné aucun de ces objets?

Les Génévois se sont distingués dans le nombre d'habiles ouvriers qu'il a occupés : ils se perfectionnoient plus dans un an à Paris, qu'ils n'auroient fait en dix ans à Londres, car l'on sait que les Anglois se font autant d'honneur de faire mystere de tout, que les François de n'en faire de rien.

Ce regne, qui ne le cede point au précédent sur le progrès des beaux-arts, a de plus l'avantage d'avoir produit toutes sortes de pieces d'Horlogerie, qui ont mérité l'approbation de l'académie royale des Sciences, tant par la beauté de l'exécution, que par la théorie qui a conduit l'artiste.

PLANCHE Iere. cotée A.

Réveil à poids.

Fig. 1. Elévation antérieure du réveil, où l'on voit le grand cadran sur lequel les heures sont marquées à l'ordinaire, & le petit cadran concentrique particulier au réveil.

Le réveil est monté pour sonner à six heures, ce que l'on connoît par le chiffre 6 du petit cadran qui est sous la queue de l'aiguille des heures, lorsque le chiffre 6 du petit cadran qui tourne avec l'aiguille des heures sera arrivé vis-à-vis du XII, la détente fera son effet.

Au-dessus du grand cadran on voit le timbre ou la cloche suspendue dans la croix dont les bras retombent sur les quatre piliers couronnés de vases qui forment la cage du réveil; dans l'intérieur du timbre on apperçoit le marteau indiqué par des lignes ponctuées.

Fig. 1. *bis.* Au bas de la Planche représentation perspective des principales pieces qui constituent le réveil. W Z longue tige concentrique au cadran. S g cadran du réveil. f canon de ce cadran. X Z roue de cadran à laquelle est appliquée la piece qui leve la détente; cette piece est adhérente au canon du petit cadran. B b roue moyenne ou des minutes. ζ pignon de la longue tige.

I. poulie dont la cavité est garnie de pointes pour retenir la corde à laquelle le poids & le contrepoids sont suspendus. K partie de la corde à laquelle le poids est suspendu. i i autre partie de la même corde, à laquelle est attaché le contrepoids. h h roue d'échappement du réveil. O P les palettes. M N le marteau. S R T la détente. S R le bras de la détente qui passe dans la cadrature. T l'autre bras qui arcboute contre la cheville V de la roue du réveil.

Fig. 2. Profil ou coupe de tout le réveil, & d'une partie de la boîte sur laquelle il est posé, dans l'intérieur de laquelle les poids ont environ six piés de descente.

La cage du réveil & du mouvement est formée par trois plans verticaux, 7, 9, 10, 11, 6, 8; & par deux plans horisontaux parallèles, dans lesquels les plans verticaux sont assemblés à tenons & clavettes. La partie 7, 9, 10, 11, contient le rouage du mouvement; & la partie 10, 11, 6, 8 celui du réveil : le rouage du mouvement est composé de trois roues, non compris celle d'échappement. a a grande roue du mouvement. e e poulie dont l'intérieur est garni de pointes pour retenir la corde; la poulie est montée à canon sur l'axe de la roue : entre la poulie & la roue est le rochet d'encliquetage adhérant à la poulie, le cliquet demeurant à la roue. G poids qui fait aller le mouvement. ff contre-poids. ζ pignon de la roue de longue tige. b roue de longue tige ou des minutes, laquelle fait un tour en une heure. y pignon de la roue de champ. C roue de champ. x pignon de la roue de rencontre ou d'échappement. d cette roue. 5, 4 verge. 3, 3 les palettes. 4, 4, 4 la fourchette, s s, s s soie qui suspend le pendule. Æ la lentille & son écrou pour regler le mouvement. Dans la cadrature : on voit la chauffée 1, la roue de renvoi 2 : 2 marque aussi le pignon qui engrene dans la roue des heures. Z roue des heures. X cheville qui agit sur la détente pour lâcher le réveil. S g cadran du réveil. f aiguille des heures. W extrémité de la longue tige & la goutte qui retient l'aiguille des minutes.

Du réveil. I poulie qui reçoit la corde qui suspend les poids du réveil. K poids du réveil. l ressort tenant lieu d'encliquetage. hh roue d'échappement ou de rencontre. O P les palettes. M N le marteau : le timbre est supposé coupé par la moitié pour laisser voir l'intérieur. 6 T R S la détente.

3. Calibre du rouage du mouvement. A a grande roue sur laquelle est projettée la poulie & le rochet. E e la poulie. F le cliquet & son ressort fixés à la grande roue. G corde du poids. ff corde du contre-poids. B b roue de longue tige ou roue moyenne. ζ son pignon. C c roue de champ. y son pignon. d roue de rencontre. x son pignon.

4. Toutes les pieces du réveil & sa détente projettés sur & postérieurement à la platine intermédiaire. 10, 11 la platine qui sépare le mouvement & le réveil. X Z piece qui porte la cheville. X la cheville; cette piece est concentrique aux cadrans. S R bras de la détente qui passe dans la cadrature. R T bras postérieur de la détente. II la poulie qui reçoit la corde des poids. K le poids. i i le contre-poids. H h la roue d'échappement ou du réveil.

PLANCHE II. cotée C.

Plan d'un horloge horisontal sonnant les quarts & les heures.

La cage formée de six barres A B, C D, E F, E'F', G H, I K est divisée en trois parties qui contiennent chacune un rouage; la division du milieu contient le rouage du mouvement, celle à gauche contient le rouage de la sonnerie des quarts, & celle qui est à droite de la sonnerie des heures.

On a eu attention de marquer par les mêmes lettres les objets correspondans dans les Planches suivantes, qui contiennent le développement de l'horloge.

Du mouvement.

Le mouvement, dont le milieu doit répondre au centre du cadran, est composé d'un tambour ou cylindre P sur lequel s'enroule la corde P P qui suspend le poids moteur; sur le cylindre est fixée la roue de remontoir; près le pivot; la roue de remontoir engrene dans un pignon placé fur la tige. 2, 1 l'extrémité, 1 eft terminée en quarré pour recevoir la clé qui fert à remonter l'horloge.

L'autre extrémité du cylindre S porte un rochet, dont les dents reçoivent le cliquet fixé fur la première roue du mouvement; cette roue qui eft près le pivot 4 de l'axe 3, 4 du tambour, laquelle fait un tour en une heure, porte une roue de champ 25, 26, dont les dents font inclinées de quarante-cinq degrés, pour engrener dans la roue de renvoi 25, 26, dont on parlera ci-après.

La grande roue engrene dans un pignon fixé fur la tige Q de la roue moyenne, & cette derniere dans le pignon fixé fur la tige de la roue d'échappement R; 5, 6 font les pivots de la roue moyenne, & 7, 8 font ceux de la roue d'échappement.

La roue 25, 26, fixée fur la grande roue, engrene dans la roue de renvoi 26, 27, du même nombre de dents, & auffi inclinées à fon axe fous l'angle d'environ quarante-cinq degrés, pour qu'elle faffe de même fon tour en une heure; l'arbre ou tige 28, 29 de cette roue terminé quarrément en 29, porte par le quarré l'aiguille des minutes, & auffi un pignon 30 qui mene la roue de renvoi 31, 31: cette roue porte un pignon qui mene la roue de cadran 33, 33, laquelle porte l'aiguille des heures, ce qui compofe la cadrature portée d'une part par un pont 28, & d'autre part par la traverfe LM fixée aux extrémités des longues barres qui forment la cage du mouvement; les autres extrémités des mêmes barres portent auffi une traverfe N O, fur laquelle, & la partie correfpondante de la longue barre AB portent les coqs auquel le pendule eft fufpendu, ainfi que l'on voit dans la Planche fuivante.

Le nombre de vibrations du pendule, lequel bat les fecondes, eft de 3600 en une heure, les nombres du rouage étant ceux qui fuivent en commençant par l'échappement compofé de trente dents, diftribuées fur deux roues, comme on le voit en R.

$$2 + 30 \times 7\frac{1}{2} \times 8 = 3600 \text{ vibrations en une heure.}$$

$$\begin{array}{ccc} 10 & 10 & \\ 30 & 75 & 80 \end{array}$$

De la fonnerie des quarts.

Le rouage de la fonnerie des quarts renfermé dans la divifion FFGH eft compofé de deux roues, deux pignons & un volant. S eft le tambour fur lequel s'enroule la corde. SS extrémité de la corde à laquelle le poids moteur eft fufpendu; au tambour eft fixée la roue de remontoir qui engrene dans le pignon de remontoir fixé fur la tige 9, 10; l'extrémité 9 de cette tige eft quarrée pour recevoir la clé avec laquelle on remonte le rouage.

L'autre extrémité du tambour bordée d'un rochet s'applique à la première roue du rouage du côté du pivot 12 de l'axe du tambour; cet axe porte de l'autre côté 11 le limaçon des quarts fur lequel porte la détente, & la grande roue porte de chaque côté huit chevilles pour lever les bafcules des marteaux; ces chevilles font entretenues enfemble par des couronnes; la feconde tige 13, 14, porte un pignon de dix aîles qui engrene dans la roue de cent dents dont on vient de parler; il porte auffi une roue T de quatre-vingt dents; cette derniere roue engrene dans le pignon V de dix aîles fixé fur la tige 16, 15, u du volant r, rr dont l'ufage eft de modérer la viteffe du mouvement du rouage. Δ, δ, ꝺ font les bafcules qui levent les marteaux pour frapper les quarts; elles roulent fur la tige ff, 61; c'eft aux extrémités Δ que font attachées les chaînes ou fils-de-fer qui tirent les marteaux; on expliquera l'effet des détentes après avoir parlé de la fonnerie des heures avec laquelle elles communiquent.

De la fonnerie des heures.

Le rouage de la fonnerie des heures renfermé dans la divifion E'F'IK, eft de même compofé de deux roues, deux pignons, & un volant.

Le tambour X fur lequel s'enroule la corde XX eft terminé d'un côté par une roue de remontoir du côté du pivot 19; cette roue engrene dans un pignon fixé fur la tige 17, 18 du remontoir, à l'extrémité 17 duquel on applique la clé qui fert à remonter le rouage; l'autre côté du tambour terminé par un rochet s'applique à la grande roue qui eft près le pivot 20; cette roue qui a quatre-vingt dents porte huit chevilles d'un feul côté, entretenues enfemble par une couronne; ces chevilles levent l'extrémité δꝺ de la bafcule ꝺδΔΔ du marteau qui fonne les heures.

La grande roue de quatre-vingt dents engrene dans un pignon de dix aîles fixé fur la tige 21, 22; cette tige porte auffi une roue Y de quatre-vingt dents; cette derniere roue engrene dans un pignon Z de dix aîles fixé fur la tige 24, 23, ꝗ qui porte le volant s, ss lequel fert à modérer la viteffe du rouage pendant que l'heure fonne. 42, n n eft la tige fur laquelle roule la bafcule ꝺδΔΔ qui tire le marteau des heures par fon extrémité ΔΔ.

L'axe 20, 19 porte extérieurement en 19 un pignon qui y eft affemblé à quarré; ce pignon conduit la roue ꝗ qui porte le chaperon ou roue de compte des heures pour l'effet des détentes. *Voyez la figure* 16 *dans la quatrieme fuite de la* Pl. II.

PLANCHE II. 1. *fuite, cotée* D.

Fig. 2. Elévation du rouage du mouvement vû du côté de la fonnerie des quarts.

3. Elévation & coupe du rouage du mouvement vû du côté de la fonnerie des heures, la barre E'F' (Planche précédente), qui fépare les deux rouages étant fupprimée pour mieux laiffer voir la roue d'échappement, la fourchette, la fufpenfion A a B b, & une partie du pendule B b, C c, D d.

4. Elévation de la cadrature fur laquelle on a projetté en lignes ponctuées le pont qui fufpend la roue de renvoi 30; poftérieurement à la roue eft le pignon qui mene la roue de renvoi. 33, 31 cette roue. 32, 32 pignon fixé à la roue de renvoi; ce pignon engrene dans la roue de cadran 33, 33, qui porte l'aiguille des heures.

5. Un des deux ponts pour porter le coq de la fufpenfion.

6. Autre pont pour porter le coq de la fufpenfion.

7. Le coq de la fufpenfion vû par-deffus.

PLANCHE II. 2. *fuite, cotée* E.

8. Elévation du rouage de la fonnerie des quarts vû du côté extérieur. 1, 2, 3, 4 le limaçon des quarts; il y a une éminence o à l'extrémité de la partie qui fait fonner les quarts pour élever la détente des heures.

9. Elévation & coupe du même rouage vû du même côté, après que l'on a ôté la barre antérieure, le limaçon des quarts, la roue de remontoir, le volant & la détente m.

10. Elévation & coupe du même rouage vû du côté de la cage du mouvement, la barre E F (Pl. II.) étant fupprimée.

11. Portion d'une des barres qui fervent de cage, deffinée fur une échelle double fervant à faire voir comment les trous font rebouchés avec des bouchons qui font fixés par une vis. d eft le trou, e eft la vis.

12. Le bouchon en plan & en perfpective. a petit trou conique pour recevoir l'extrémité de la vis terminée en cône, ce qui empêche le bouchon dans le trou duquel roule un pivot, de tourner & de changer de place. b la vis qui s'implante dans le milieu de l'épaiffeur de la barre. c le bouchon en perfpective.

Cet ajuftement permet de démonter telle piece de l'horloge que l'on veut fans démonter la cage ni les autres pieces, les trous qui reçoivent les bouchons étant affez grands pour laiffer paffer les tiges, que l'on fort facilement par ce moyen hors de la cage; d'ailleurs les trous des bouchons venant à s'ufer, leur renouvellement eft facile & peu difpendieux.

PLANCHE II. 3. *fuite, cotée* F.

13. Elévation du rouage de la fonnerie des heures, vû du côté du mouvement.
14. Elévation & coupe du rouage de la fonnerie des heures vû du côté du remontoir, la barre I K du plan (Pl. II.) étant fupprimée.
15. Elévation extérieure du rouage de la fonnerie des heures vû du côté du chaperon & du volant.

PLANCHE II. 4. *fuite*, *cotée* G.

16. Toutes les détentes en perfpective & en action.
17. Le pendule compofé qui fert de régulateur à l'horloge.
18. Coulant de la fourchette pour mettre l'horloge en échappement.

PLANCHE III. *cotée* H.

Pendule à reffort.

Cette Planche & fon explication ont été tirées du livre de M. Thiout.

Les pendules à reffort font beaucoup en ufage; elles fonnent ordinairement l'heure & la demie, & vont quinze jours fans être remontées: anciennement on les faifoit aller un mois, mais comme elles manquoient ordinairement de force, c'eft ce qui en a fait quitter l'ufage pour s'en tenir à cette conftruction, qui a néanmoins un défaut, c'eft qu'il n'eft pas poffible qu'un reffort qui doit faire cinq tours pour quinze jours les puiffe faire également; ce qui procure de l'inégalité à proportion que le reffort fe développe: pour y remédier quelques-uns ont adapté une fufée à ces fortes de pendules.

La *figure* 8. repréfente les roues dans leurs pofitions refpectives. R eft le barillet du mouvement, dans lequel eft contenu un reffort qui fait ordinairement huit tours & demi. Le profil du même barillet eft *q figure* 9; il engrene dans un pignon de 14 de la roue S. Cette roue engrene dans la roue T qu'on appelle *roue à longue tige*, parce que fa tige paffe à la cadrature pour porter la roue de minutes B *fig.* 7. qui fait par conféquent fon tour par heure. V eft la roue de champ qui engrene dans la roue de rencontre X; cette roue eft tenue par la potence A *fig.* 10, & la contre-potence B. La verge de palette C paffe au-travers le nez de potence pour être maintenue par le talon D, & un coq attaché avec deux vis fur la platine de derriere; on n'a pas cru néceffaire de le repréfenter ici, on le verra dans d'autres pieces. On trouvera à l'*article* ECHAPPEMENT les effets de celui-ci. On a déjà dit que la roue B *fig.* 7. faifoit fon tour par heure: cette roue porte un canon qui entre à frottement fur la tige de la roue T *fig.* 8. L'aiguille des minutes eft placée quarrément au bout du canon de cette roue B; elle engrene dans la roue de renvoi qui eft de même nombre. Cette roue porte à fon centre un pignon de 6. Elle eft placée fur la platine, & tenue avec le coq 13. Comme cette roue fait auffi fon tour par heure, fon pignon de 6 engrene dans une roue de cadran de 72, qui n'eft pas repréfentée, & qui fait fon tour en douze heures, parce que 6 fois 12 font 72. Cette roue de cadran porte un canon fur lequel eft ajufté à frottement l'aiguille des heures; & pour que cette roue de cadran ne charge pas la roue de minutes B, on place à fon centre le pont marqué 9 qui porte un canon fur lequel fe meut la roue de cadran.

La fonnerie commence auffi par le barillet Q pareil à celui du mouvement. Le reffort fait le même nombre de tours que celui du mouvement: il engrene dans le pignon de la roue P qui fait fon tour en douze heures. Un des pivots de l'arbre de cette roue paffe la platine fur lequel eft placé quarrément la roue de compte I *fig.* 13. La roue P engrene dans la roue de chevilles O, qui engrene à fon tour dans la roue d'etoquiau M, & fucceffivement M dans K & K dans L, qui eft le pignon du volant.

Avant que d'expliquer les effets de la fonnerie, il eft à propos de parler des principales confidérations que l'on doit avoir lorfque l'on peut compofer le calibre de la piece.

Quand on veut faire le calibre du mouvement, on doit confidérer deux chofes principales; la premiere, le tems qu'on veut qu'il aille fans remonter; la feconde, quelle longueur on veut donner au pendule par rapport à la hauteur de la boîte.

Pour la premiere, fi on veut, par exemple, que la pendule aille quinze jours, la pratique enfeigne qu'un reffort doit avoir huit tours & demi.

On s'en tient donc à ce nombre de tours dans lefquels on en choifit fix des plus égaux que l'on fixe dans le barillet par le moyen d'une palette *fig.* 12. qu'on ajoute fixément fur l'arbre & fur le barillet. On place excentriquement une roue mobile & dentée de cinq dents; on examine enfuite combien il y a d'heures en dix-huit jours; fi on fait faire un tour au barillet en trois fois 24 heures, trois tours feront neuf jours, & fix tours dix-huit jours; pour cet effet on donne un nombre aux dents du barillet proportionné à la force qui lui eft communiquée. Celui de quatre-vingt-quatre eft très-convenable; un plus grand nombre feroit des dents trop fines qui pourroient fe caffer; en donner moins on perd un avantage à l'engrenage; enfin donnant quatre-vingt-quatre au barillet & quatorze au pignon, ce pignon fera fix tours pendant que le barillet en fera un. Si on donne encore quatre-vingt-quatre à la roue S & qu'elle engrene dans un pignon de fept, cette roue S fe trouvera faire fon tour en douze heures, parce que la roue T le fait toutes les heures, & que 7 eft compris 12 fois dans 84.

Ce nombre eft convenable pour la durée du tems, c'eft-à-dire, que les fix tours du reffort feront aller la pendule dix-huit jours. Maintenant pour avoir égard à la longueur du pendule, on trouve, par exemple, que celle de cinq pouces trois lignes peut contenir dans la boîte qu'on veut employer. On voit à la table de longueurs de pendules, qu'un pendule de cette longueur donne 9450 vibrations; on donne un nombre aux roues T, V, & X qui puiffe approcher de ce nombre de vibrations. Si on donne à la roue T 78, pignon 6, à celle V 66, pignon 6, & 33 à la roue de rencontre, ces nombres multipliés l'un par l'autre donnent 9438 vibrations, ce qui en fait 12 de moins que la table demande; mais cela change peu la longueur du pendule, & ne mérite pas qu'on en tienne compte.

Voilà ce qu'il eft néceffaire de favoir pour la compofition d'un mouvement que l'on peut varier autant que l'on veut, foit pour n'aller que trente heures, huit ou quinze jours, un mois, & même un an; ce qui ne dépend que des roues & des nombres que l'on place avant la roue à longue tige qui fait fon tour par heure.

Les roues placées après les roues à longue tige ne peuvent déterminer que la longueur du pendule, il n'y a ordinairement que la roue de champ & la roue de rencontre, à-moins qu'on ne veuille un pendule fort court: en ce cas on eft obligé de fe fervir de trois roues, qui avec celle à longue tige, en font quatre, parce qu'autrement les dentures feroient trop fines, & il n'y auroit pas affez de folidité.

De la fonnerie.

Quand on fait le plan d'une fonnerie, tel que celle de la *figure* 8. on fuit, pour la durée de la remonte, le même principe qui vient d'être dit; mais au-lieu de prendre pour point fixe une roue qui fait fon tour par heure, on en prend une qui fait fon tour en douze. On fe fert du même nombre pour le barillet & le pignon de 14 comme au mouvement; par cette difpofition la feconde roue faifant un tour en douze heures, on place quarrément fur fon pivot le chaperon, ce qui lui donne l'avantage de n'avoir point de balotage, comme ont celles qui font menées par une roue & un pignon, qui ont outre cela plufieurs défauts.

Après qu'on a fixé la roue P à ne faire fon tour qu'en douze heures, on cherche à donner le nombre convenable

ble au reste de la sonnerie ; pour cet effet on dit, en douze heures combien frappe-t-elle de coups ? on trouvera quatre-vingt-dix, y compris les demies. Si on donne dix chevilles à la roue O, il faudra qu'elle fasse neuf tours en douze heures, parce que 9 fois 10 font 90 ; il est facile ensuite de donner un nombre à la roue P, & un pignon à la roue O, tel que la roue P fasse un tour pendant que la roue O en fera neuf. Si on donne à la roue 72, il faudra un pignon de huit, parce que huit fois neuf font 72 ; ensuite on donne, par exemple, à la roue de cheville, 60, & on la fait engrener dans un pignon de 6, qui porte une roue qui fait son tour par coups de marteau : c'est la roue appellée d'*étoquiau*, qui porte une cheville pour l'arrêt de la sonnerie.

Le nombre de la roue K est indéterminé, on lui donne celui qui est convenable pour la proportion de la denture & la durée de la distance des coups que la sonnerie frappe ; elle porte aussi une cheville. Cette roue engrene dans un pignon de 6, sur la tige duquel est le volant L à frottement, par un petit ressort qui appuie dessus. Quand la sonnerie est montée, le rouage est retenu par une cheville M, qui appuie sur le crochet F de la détente, *fig.* 15. parce que le bras G est entré dans une des entailles faite à la roue de compte, *figure* 13.

Quand on leve la détente, *fig.* 15. le rouage se trouvant dégagé, ne tend qu'à tourner ; les chevilles de la roue O rencontrent une palette que la verge de marteau A Y, *fig.* 7. porte ; ce qui lui fait frapper autant de coups qu'il passe de chevilles. Cette verge est chassée par le ressort 6.

Si le bras G de la détente, *figure* 16. est entré, par exemple, dans l'entaille 12 de la roue de compte I, & qu'on la leve, elle retombera dans la même entaille, & la sonnerie ne frappera qu'un coup, parce qu'il n'y aura qu'une cheville de la roue O qui pourra passer ; ce coup est compté pour midi & demi. Si on leve la détente une seconde fois, elle ne sonnera encore qu'un coup compté pour une heure, la levant une troisieme fois, elle frappera encore un coup, compté pour une heure & demie ; & si on la leve une quatrieme fois, la hauteur entre 1 & 2 soutiendra la détente, la sonnerie frappera deux coups, parce qu'elle est empêchée par cette hauteur de retomber pour arrêter la cheville N M, l'entaille 2 est assez grande pour sonner la demie ; la hauteur de 2 à 3 est assez distante pour laisser frapper trois heures, & enfin la distance de 11 à 12 est assez grande pour sonner douze heures ; on comprendra aisément que les distances de la roue de compte sont proportionnées aux heures qui doivent sonner, & que chaque entaille a assez d'espace pour les demies.

Maintenant pour faire agir cette sonnerie d'elle-même, on place deux chevilles sur la roue de minutes B, *fig.* 7. qui leve doucement le détentillon C D, & qui fait lever en même tems la détente E jusqu'à ce qu'elle laisse passer la cheville M que le crochet F, *fig.* 15. retient ; pour-lors le rouage tourne, mais il est retenu dans le moment par le bras H, *fig.* 14. contre lequel se rencontre la cheville K de la roue volante. Pendant ce délai le détentillon continue de lever jusqu'à ce que l'aiguille des minutes arrive sur 30 ou 60 du cadran ; pour-lors le détentillon se dégage de la cheville & tombe : c'est pour-lors que la sonnerie se trouve dégagée, & qu'elle frappe jusqu'à ce que la détente rencontre une entaille de la roue de compte, qui permet au crochet F, *fig.* 15. de retenir la roue d'étoquiau par la cheville M.

Les rochets 7 & 8, *fig.* 7. sont placés quarrément sur les arbres des barillets. Leur usage est de retenir les ressorts quand on les remonte par le moyen des cliquets. Quoique cette sonnerie soit très-solide, quand elle est bien exécutée, on la peut encore rendre plus sûre, en mettant un cercle sur la roue d'étoquiau en place de cheville. S'il arrivoit quelque inégalité à la roue de compte, qui donnât occasion de laisser rentrer la détente trop tôt, le cercle la retiendroit ; ce qui empêcheroit la sonnerie de mécompter. Toutes les sonneries à roues de compte sont faites sur ce principe.

Il y en a d'autres où la roue de compte est menée par

N. 18. Horlogerie.

un pignon de rapport placé sur le bout du pivot de la roue de cheville ; cette méthode est la moins bonne : d'autres different dans le nombre des chevilles, dans la forme des détentes & de leurs positions, & enfin dans la levée des marteaux ; mais toutes ces variétés reviennent au même, excepté qu'elles ne sont pas aussi simples que celle-ci.

La sonnerie des quarts differe par sa roue de compte, qui fait ordinairement son tour par heure, & n'a que trois ou quatre entailles. Les sonneries des quarts different aussi par les marteaux ; ordinairement il n'y en a que deux, d'autres en ont jusqu'à une douzaine.

PLANCHE IV. *cotée* I.

Fig. 17. Représentation perspective d'une pendule à secondes, propre pour les observations astronomiques, du chassis qui lui sert de support, & du thermometre de compensation, qui corrige l'effet du chaud & du froid sur le pendule.

18. Le rouage de la pendule dont voici les nombres, en commençant par la roue d'échappement qui a trente dents, & finissant par celle du barillet.

$$10 \quad 10 \quad 10 \quad 16.$$
$$2 + 30 \times 7\frac{1}{2} \times 8, \times 8 \times 6.$$
$$30 \quad 75 \quad 80 \quad 80 \quad 96.$$

18. nº. 2. Cadrature de la pendule.

18. nº. 3. Profil de la cadrature.

PLANCHE V. *cotée* K.

Fig. 19. Démonstration.

20. Echappemens à deux leviers.

21. Echappement à repos des pendules à secondes, par M. Graham.

22. ⎱ Echappement à repos des montres, par M. Gra-
23. ⎰ ham.

24. Echappement à roue de rencontre.

25. Echappement à ancre, du docteur Hook.

26. Echappement à deux verges ou leviers, par Mr. Julien le Roy.

27. Foliot ou ancien échappement.

PLANCHE VI. *cotée* L.

Cette Planche & son explication ont été tirées du livre de M. Thiout.

Pendule à quarts.

Cette pendule est faite sur le même principe que celle de la Planche III. la pendule va également dix-huit jours. Le barillet C est pour la sonnerie des heures, & celui B pour celle des quarts. Il n'y a point de différence dans les effets, excepté que celle des heures ne sonne point de demie ; ce qui fait qu'il y a un petit changement au nombre des dents, comme on le verra ci-après.

La sonnerie des quarts est aussi sur le même principe. La roue de cheville I M a deux grands pivots qui passent les platines ; celui de la platine de derriere porte quarrément la roue de compte, *figure* 30. & celui qui passe à la cadrature porte le chaperon T, *fig.* 29. Les deux marteaux sont placés sur deux tenons à côté, pour que la double bascule M les puisse faire lever l'un après l'autre pour sonner les quarts ; ces marteaux ne sont pas représentés ici. On dispose les dix chevilles placées sur la roue 1, de maniere que le même marteau frappe toujours le premier ; pour cet effet on met six chevilles d'un côté & quatre de l'autre.

Sur la roue de minute N, *fig.* 29. sont placées quatre chevilles pour lever à chaque quart le détentillon N O P qui leve à son tour la détente.

Quand les quatre quarts sonnent, le chaperon S T porte une cheville qui leve le détentillon S R Q pour détendre la sonnerie des heures après que les quatre quarts sont frappés : X est la verge du marteau des heures.

Nombres du calibre représentés par la fig. 28.

Roues du mouvement.

A 84		Pignons.
D 77		14.
E 72		7.
F 60		6.
G 31		6.

Roues de la fonnerie des heures.

C 84		Pignons.
H 78		14.
I 56		8. 8. chevilles.
K 56		7.
L 48		6.
		6.

Roues de la fonnerie des quarts.

B 84		Pignons.
H 72		14.
I 60		8.
K 56		6. 10 chevilles.
L 48		6.
		6.

Bas de la Planche.

Calibre de la répétition ordinaire, & la même répétition vue en perfpective.

Fig. 31. Eft le plan ou calibre des roues qui compofent la répétition. A B C D E font les roues du mouvement pareilles au calibre du mouvement à quinze jours. Pl. III. F G H I font les roues qui fervent à la répétition : les trois roues G H I ne fervent qu'à régler la diftance des coups qui frappent, comme il eft abfolument néceffaire d'en avoir dans toutes les fonneries quelles qu'elles foient : voici les nombres.

Mouvement.			*Rouage de la répétition.*	
84		Pignons.	72	Pignons.
77		14.	54	6.
76		7.	48	6.
66		6.		6.
33		6.		

Le cercle F porte douze chevilles d'un côté pour faire fonner les douze heures, & trois chevilles de l'autre pour faire fonner les trois quarts par le moyen de trois bafcules placées fur une même tige, comme celle K ; deux de ces bafcules font montées fur des canons pour qu'elles fe meuvent féparément l'une de l'autre, & la troifieme eft fixée fur la tige, pour qu'elles puiffent toutes les trois lever les verges de marteaux féparément l'une de l'autre, comme elles font repréfentées à la *fig.* 32.

Le cercle F eft rivé fur fon arbre, de même qu'un petit rochet, à une diftance d'environ fix lignes. Le cercle extérieur préfente la grandeur d'une roue qui eft jointe contre le rochet ; elle porte un cliquet & fon reffort, comme il eft marqué. L'arbre paffe au-travers d'un petit barillet fixé à la platine, dans lequel eft un reffort ; l'arbre ayant un crochet, enveloppe le reffort autour de lui ; de-forte que quand on tire le cordon V, *figure* 32. on fait tourner l'arbre à gauche, fans que la roue dentée tourne, & quand on quitte le cordon, le petit rochet donne dans le cliquet, & oblige le rouage de tourner, & les marteaux frappent, de-forte que l'arbre de ce cercle porte le cercle des chevilles, l'heure & les quarts juftes.

Toutes les machines font placées fur la cage A B, *fig.* 32. où elles font repréfentées en perfpective. Le plan de cette cadrature avec le développement des pieces font contenues dans la Plan-

che fuivante, & elles font marquées des mêmes lettres.

Avant que de dire les effets de cette méchanique, il eft à propos de faire voir la forme & le développement de chaque piece marquée fur la Planche VII.

PLANCHE VII. *cotée* M.

Suite de la Planche précédente, ou developpement de la répetition ordinaire.

Fig. 33. T eft la roue de chauffée, & *t* eft fon profil. Cette roue, comme on fait, fait fon tour par heure, & porte l'aiguille des minutes. Sur cette roue T *t* eft placé fixément le limaçon des quarts Q & *q*. Sur ce limaçon eft joint la furprife R & *r*, qui eft tenue avec une virole 4 & 4 ; on dira l'ufage de cette furprife dans la fuite. X & *x* eft la roue de renvoi qui porte un pignon pour mener la roue du cadran Y & *y*, comme on l'a dit ailleurs ; car toutes les pieces d'horlogerie qui marquent les minutes ont des roues de renvoi ; ce qui doit fuffire pour qu'il ne foit plus befoin d'en parler par la fuite, que dans des cas particuliers. A eft une étoile qui fait fon tour en douze heures, & *a* fon profil. Z & *ʒ* eft le fautoir ou valet qui fait changer promtement une dent de l'étoile à chaque heure. Sur l'étoile A eft placé fixément le limaçon des heures. B. D eft le rateau. E eft un pignon qui le fait mouvoir. G eft une poulie qui porte une cheville, & *g e i* eft le profil. M L eft la main, *m l* eft le profil : cette main étant démontée forme la piece M N. O eft un reffort, le profil eft *m o* : le bras des quarts qui fait partie de la main eft L & *l*.

34. La platine qui porte les tiges fur quoi toutes les pieces font montées. On voit leurs places indiquées par les lignes ponctuées qui y répondent. La *fig.* 34. n°. 2. eft le profil des *fig.* 33. & 34. Sur la platine de la *fig.* 34. font deux refforts, ce qu'il eft néceffaire de favoir avant que d'expliquer leurs effets.

Maintenant il faut mettre ces pieces chacune à leur place, & faire voir comme elles agiffent les unes avec les autres. On a dit ci-deffus que l'arbre de la premiere roue pouvoit tourner féparément de fa roue & avec fa roue, & qu'il portoit un cercle garni de quinze chevilles pour lever les bafcules des marteaux. Cet arbre porte quarrément la poulie G E & le pignon E qui engrene dans le rateau D des heures. Quand on tire le cordon on fait avancer le bras H vers le limaçon B qui eft gradué fpiralement en douze degrés. Le plus profond eft pour douze heures, & la partie la plus élevée eft pour une heure ; de-forte que quand on tire le cordon on fait paffer autant de chevilles que l'enfonçure du limaçon le permet, c. à d. fi le degré le plus profond fe préfente, la fonnerie frappera douze coups, & fi c'eft la portée la plus élevée, la fonnerie ne frappera qu'un coup, deux coups fi c'eft le fecond degré, ainfi des autres jufqu'à douze. On a dit que l'étoile A fait fon tour en douze heures, par le moyen d'une cheville que la furprife R porte à l'endroit K. Comme cette cheville fait un tour par heure, & que l'étoile a douze dents, elle en rencontre une toutes les heures, de-forte que l'étoile avec le valet Z faute douze fois.

Cette façon de faire mouvoir l'étoile a deux avantages. Le premier eft de faire changer fi promtement le limaçon, qu'il n'eft pas poffible de le faire manquer dans l'inftant de fon changement. Le fecond eft de faire à fon tour fauter la furprife R pour que le bras du guide des quarts L M ne puiffe retomber aux trois quarts, comme il étoit l'inftant auparavant ; les quarts font reglés par le moyen du limaçon Q & de la main M qu'on appelle *guide des quarts*. Quand on tire, par exemple, le cordon V, on fait, comme il a été dit, tourner la poulie G ; la cheville I qu'elle porte fe dégage des doigts , & le guide des quarts tombe sur le limaçon Q qui eſt partagé en quatre parties. Si la plus haute ſe préſente , la cheville I entre dans l'entaille la moins profonde de la main ; la roue eſt retenue par ce moyen avant que les chevilles aient pû parvenir à lever les marteaux , ce qui fait que la ſonnerie ne frappe point des quarts , parce qu'il n'y a pas encore un quart que l'heure eſt accomplie ; & quand il y a un quart , le limaçon préſente une partie aſſez profonde pour que l'entaille 2 de la main reçoive la cheville ; ce qui fait que la roue de cheville faiſant plus de chemin , un marteau frappe un quart. Si le limaçon préſente ſa troiſieme partie , ſa cheville entre dans les doigts 3 , & le marteau frappe deux coups pour la demie ; & quand c'eſt la partie la plus profonde du limaçon , les marteaux frappent trois coups pour les trois quarts. Tant que les deux limaçons ne changent pas , la ſonnerie ſonne toujours la même quantité. Quand le limaçon des quarts a fait ſon tour , il entraîne avec lui l'étoile A qui ſaute par le moyen du valet Z , & de la même action la ſurpriſe R avance pour remplir le vuide du limaçon , afin que le guide des quarts ne puiſſe retourner dans l'entaille des trois quarts ; ce qui fait que ſi on veut tirer le cordon dans le moment de ce changement , la répétition ne ſonnera que l'heure , & point de quart.

Pour que la cheville I ſorte aiſément des doigts de la main , elle ſe meut au point N , & eſt remiſe par un reſſort qui eſt fixé ſur le bras L ; un autre reſſort eſt fixé ſur la platine pour faire agir le bras L qui emporte ſur lui la main M , qui a par ce moyen deux mouvemens , celui de ſe mouvoir ſur ſon plan , lorſqu'il faut que la cheville ſorte des doigts , & celui de ſuivre le bras coudé L.

PLANCHE VIII. cotée N.

PLANCHE IX. cotée O.

Suites de la Planche IX. cotée O.

Toutes les *ſuites* de la Pl. IX. ſont décrites à l'*article* ÉQUATION.

PLANCHE IX. 7. *ſuite* , cotée X.

Pendule à équation , à cadran mobile , par F. Berthoud.

Cette Planche & ſon explication ont été tirées du livre de M. Ferdinand Berthoud.

Si au centre du cadran A B d'une pendule ordinaire , on ajoute un cercle ou cadran E E , diviſé en 60 parties , & gradué comme le cercle des minutes du grand cadran , & que ce cercle concentrique ſoit mobile , tandis que le grand cadran eſt fixe , & qu'enfin on attache ſur l'aiguille du tems moyen , une autre aiguille ou index diamétralement oppoſé *c* , & de longueur propre à marquer ſur le cercle mobile : on voit que ſelon que l'on fera tourner en avant ou en arriere le cadran mobile , la petite aiguille , dont le mouvement eſt uniforme , pourra y indiquer le tems vrai ou apparent , & cela par un moyen très-ſimple , puiſqu'il ſuffira de regler le chemin du cercle mobile d'après les tables de l'équation du tems.

La *fig.* 1. Pl. XI. 7. *ſuite* , repréſente la face ou cadran de cette pendule. A B eſt le cadran des heures & minutes : il eſt fixé par quatre vis ſur la fauſſe plaque C D : celle-ci porte quatre faux piliers qui ſervent à arrêter la plaque & le cadran , avec la cage du mouvement (cette diſpoſition eſt la même que dans les pendules ordinaires.) E E eſt le cercle ou cadran mobile des minutes du tems vrai , il eſt concentrique au grand cadran : ce cadran mobile repréſenté de profil , *fig.* 3. eſt rivé ſur un canon qui entre juſte dans le trou de la fauſſe plaque , & qui peut y tourner librement ; le bout inférieur de ce canon entre dans un pont E , *fig.* 2. attaché à l'autre côté de la fauſſe plaque : ce canon roule de cette maniere dans le trou de la fauſſe plaque & dans celui du pont , comme dans une cage. Sur ce canon entre à frottement le pignon F vû de profil , *fig.* 4. Ce pignon s'arrête avec le canon , au moyen d'une cheville qui entre à frottement dans l'épaiſſeur du pignon & du canon. Le pignon F ainſi fixé ſur le canon du cercle mobile , empêche celui-ci de ſortir , lui laiſſant ſeulement la liberté de rouler ſur lui-même : le rateau G l qui engrene dans le pignon F , porte le bras H , dont le bout porte une cheville qui poſe ſur la courbe ou ellipſe K K , attachée ſous la roue L , qui fait ſa révolution en 365 jours.

L'uſage de cette courbe eſt de produire la variation du cercle mobile , ce qu'il eſt aiſé de voir , car ce cercle va & vient ſur lui-même , ſelon que l'ellipſe oblige le bras H de s'écarter ou de ſe rapprocher du centre de la roue annuelle : or le bras H entraîne le rateau G , celui-ci le pignon F & le cadran mobile.

On taille l'ellipſe de maniere que le cadran puiſſe parcourir un peu plus de ſa demi-révolution , ce qui répond à l'écart total du tems vrai & du tems moyen ; cet écart eſt de 30 minutes 50 ſecondes.

Pour faire appuyer continuellement le bras H ſur l'ellipſe & ôter le jeu de l'engrenage , l'auteur a pratiqué ſur le pignon F une rainure ou poulie , comme on le voit *fig.* 4. laquelle eſt entourée par la corde N , *fig.* 2. dont un bout tient à la poulie , & l'autre eſt attaché au reſſort M N : c'eſt l'action de ce reſſort qui fait appuyer le bras H ſur l'ellipſe.

Le rateau G eſt mobile en I ſur une broche attachée à la plaque.

La *fig.* 10 repréſente le plan du mouvement. A eſt la grande roue qui porte le tambour ou cylindre , lequel eſt entouré par la corde qui porte le poids qui fait marcher la pendule : ce cylindre eſt vû en perſpective , *fig.* 6.

La *fig.* 7. repréſente la roue A vûe en plan , avec le reſſort de l'encliquetage que doit former le crochet G du tambour ou cylindre. Pour cet effet , l'axe du cylindre entre dans le trou qui eſt au centre de cette roue , & le bord du cylindre s'emboîte fort juſte dans une rainure faite à la roue. Par le jeu de l'encliquetage la roue & le cylindre peuvent tourner ſéparément l'un de l'autre , lorſqu'on remonte le poids , comme on l'a déja expliqué. Nous n'avons repréſenté ici cette partie que pour en mieux faire voir la diſpoſition. La *fig.* 8. eſt ce qu'on appelle *la clavette* : elle ſert à retenir & aſſembler la roue , *fig.* 7. & le cylindre , *fig.* 6.

La roue A (*fig.* 10.) reſte trois jours à faire une révolution , ce qu'il eſt aiſé de voir par le nombre de dents des roues , dont la derniere E eſt celle d'échappement , & fait un tour par minute.

Sur la roue A est fixée une petite roue *a*, qui a 24 dents; celle-ci engrene dans la roue F de 96 dents, & qui reste par ce moyen douze jours à faire une révolution.

L'axe de cette roue F porte un pignon de 12, lequel engrene dans la roue annuelle L *fig.* 2. Cette roue porte 365 dents; & comme le pignon de 12 fait un tour en douze jours, chaque dent répond à un jour: ainsi la roue L reste un an à faire sa révolution par un mouvement continu.

La roue annuelle L, *fig.* 1. est graduée, comme on le voit, de maniere qu'elle marque les mois de l'année & les quantiemes du mois qui paroissent sur le cadran par une ouverture faite à la plaque, & sont montrés par un index.

La roue annuelle est percée de douze trous, dont chacun se présente chaque mois au-dessous de l'ouverture de la platine en *e*, pour laisser passer la clé qui sert à remonter le mouvement. L'axe de cette même roue annuelle porte deux pivots, dont l'un entre dans un trou fait à la fausse plaque, comme on le voit en H *fig.* 1. & l'autre entre dans un trou fait à une plaque portée par la platine de devant du mouvement, ce qui forme une cage à la roue annuelle: l'aiguille *a*, *fig.* 1. est celle des heures; elle marque à l'ordinaire sur le grand cadran.

Le bout *b* de l'aiguille *c b*, est celui qui marque le tems moyen sur le grand cadran: le bout opposé *c* est l'aiguille du tems vrai, laquelle marque sur le cadran mobile. On voit par cette situation du cadran & des aiguilles, qu'il est maintenant deux heures vingt-deux minutes & demie au tems moyen, tandis qu'il est deux heures trente minutes au soleil: le soleil avance donc de sept minutes & demie, ce qui forme l'équation du 22 Septembre, indiquée par la roue annuelle. L'aiguille *g f* est celle des secondes.

Pour avoir la facilité de remettre la pendule au jour du mois & à l'équation, lorsqu'on l'a laissée arrêter, on a fait passer le pivot du pignon *a* qui conduit la roue annuelle à-travers la plaque, & limé quarrément l'excédent, de maniere à le faire mouvoir avec une clé; ce quarré se voit en *d*, *fig.* 1. Il faut que ce pignon puisse tourner séparément de la roue, *fig.* 10. ce qui est facile, comme on le voit, *fig.* 9. où *a b* représente le profil du pignon, & F celui de la roue. La roue s'applique contre l'assiette *b* du pignon, près de laquelle elle est retenue par la clavette *c*, dont la pression produit un frottement qui assemble la roue contre le pignon, desorte qu'ils se meuvent ensemble, à-moins qu'on ne les fasse tourner séparément par l'action de la main, lorsqu'on veut faire tourner la roue annuellement en-avant ou en-arriere.

Cette équation est, sans contredit, la meilleure que l'on ait imaginée jusqu'à ce jour: aussi l'auteur s'est-il fort attaché à la disposer de la maniere la plus avantageuse pour les pendules & pour les montres, d'autant plus qu'elle est applicable à toutes sortes de pieces.

8. *suite*, *cotée* Y. Pendule à équation, du sieur le Bon.

9. *suite*, *cotée* Z. Suite de la pendule d'équation, du sieur le Bon.

PLANCHE X. *cotée* AA.

Montre ordinaire & ses développemens.

La *montre* est une petite horloge portative que les hommes mettent dans le gousset & les femmes à leur ceinture.

Montre simple, est celle qui montre l'heure & les minutes.

Montre à répétition, celle qui répete l'heure & les quarts, lorsque l'on pousse le bouton; elle est dite *à timbre* lorsqu'il y en a un; & lorsqu'il n'y en a point, elle est dite *à sourdine*.

Montre à horloge, celle qui sonne d'elle-même l'heure & les quarts.

Montre à réveil, celle qui a une sonnerie, que l'on peut mettre dans le cas de sonner à une heure déterminée pour se réveiller.

Montre à trois parties, celle qui sonne elle-même, & qui joint encore la répétition.

Montre à quatre parties, celle qui aux trois précédentes joint encore le réveil.

Montre à équation, celle qui montre les erreurs du soleil.

Montre à quantieme, celle qui montre le quantieme du mois, de la lune, les jours de la semaine, & les mois de l'année.

Montre de carrosse, celle qui est environ trois fois plus grosse que les autres montres. Elle est pour l'ordinaire à sonnerie, & sert pour courir la poste, en la suspendant dans la chaise.

Montre à secondes, celle qui porte une aiguille de secondes, qui avance de seconde en seconde, comme les pendules dites *à secondes*. Cette invention fut trouvée en 1754. *Voyez* FROTTEMENT, *Horlogerie*, où cette montre est décrite & le jugement de l'académie rapporté.

Avant cette époque les montres qu'on nommoit *montres à secondes*, ne les battoient point. La plûpart d'entre elles faisoient un certain nombre de battemens par seconde, qui n'étoient point l'aliquote de la minute; de sorte qu'elle ne se trouvoit que rarement d'accord. L'époque de la montre qui bat les secondes a été aussi celle des montres à longs termes pour les remonter. Avant ce tems l'on avoit bien fait des montres à huit jours, mais elles ne valoient rien parce qu'elles manquoient totalement de force; mais comme par cette invention l'on a réduit prodigieusement la force motrice, il suit qu'il a été possible d'en faire aller un mois, six mois, un an.

A l'égard de cette derniere espece, j'en ai fait une que j'ai présentée à l'académie, & j'ai démontré par un mémoire sur les révolutions des roues, le moyen le plus simple de faire aller un an une piece sans être remontée: on va rapporter ici le jugement de l'académie.

Extrait des registres de l'académie royale des Sciences, du 10 Mai 1758.

« Nous, commissaires nommés par l'académie, avons » examiné une montre du sieur Romilly, horloger, » citoyen de Genève, construite pour aller 378 jours » sans être remontée.

» Cette montre est à secondes & à répétition. Les » secondes y sont excentriques. Son mouvement est » composé comme dans les montres ordinaires, d'un » barillet, de cinq roues, & de quatre pignons. Son » balancier bat les secondes. Sa fusée porte huit tours » trois quarts de chaîne. La roue de fusée a 96 dents qui » engrenent dans un pignon de 8. La seconde roue est » aussi de 96 dents qui engrenent dans un pignon de 6. » La troisieme porte 108 dents qui engrenent dans un » pignon de 6. La quatrieme est aussi de 108 dents qui » engrenent dans un pareil pignon de 6. Enfin la roue » d'échappement a 30 dents, dont chacune fait faire » deux vibrations au balancier, ensorte que cette roue » fait son tour en une minute. Il est facile de voir que » cette montre doit faire 32669200 vibrations d'une » seconde, & qu'elle doit en conséquence marcher 378 » jours pendant les huit tours trois quarts que la roue » de fusée doit faire avant qu'il soit nécessaire de la » remonter.

» Le ressort de cette montre n'est pas beaucoup plus » fort que ceux de quelques montres qui ne vont que 30 » heures. L'horloger a été obligé de faire les roues très- » légeres, & de rendre toutes les pieces & engrenages de » son mouvement extrèmement réguliers, pour ménager » autant qu'il est possible l'action de la force motrice, » qui seroit bien-tôt épuisée dans une montre faite » avec moins de soin. Il faut observer que celle-ci fai- » sant dans un tems donné cinq fois moins de vibra- » tions que la plûpart des montres ordinaires, elle n'au- » roit besoin, toutes choses égales d'ailleurs, que d'une » force motrice cinq fois plus petite; & comme le res-

ª sort

» fort fpiral de fon balancier peut être vingt-cinq fois
» moins roide que ceux des balanciers ordinaires de
» même maffe, il faut pour le faire partir au doigt
» vingt-cinq fois moins de force que pour les montres
» communes.

» Quoique cette montre foit plus fufceptible que les
» montres ordinaires, des inégalités caufées par le froid
» & le chaud, & peut-être auffi plus fujette à s'arrêter,
» on peut cependant conclure de l'expofé ci-deffus, que
» le fieur Romilly n'a négligé aucun des moyens nécef-
» faires pour faire aller une montre auffi long-tems
» qu'on peut le défirer fans la remonter, ce qui four-
» nit de nouvelles preuves de fon adreffe dans l'exécu-
» tion, & de l'habileté dans la théorie de l'Horlogerie.
» *Signé*, DE MONTIGNY & CAMUS «.

*Je certifie l'extrait ci-deffus conforme à fon original &
au jugement de l'académie, ce 11me jour de Mai 1758.*
Signé, GRANDJEAN DE FOUCHY, *fecrétaire perpétuel de
l'académie royale des Sciences.*

L'on voit par ce rapport que l'académie approuve la
théorie & l'exécution de cette montre. En effet, pour
perfectionner les montres & les machines en général,
l'on ne fuit guere d'autre théorie que celle qui tend à
diminuer les réfiftances pour réduire les forces qui les
animent, par-conféquent diminuer les frottemens, &
leur donner un peu plus de dureté.

Mais cette montre qui eft faite pour aller une année
avec un reffort ordinaire de vingt-quatre heures, a
exigé tout ce que l'art a de plus fubtil pour divifer
cette force pour aller 378 jours; enforte qu'il ne refte
fur le dernier mobile de cette montre qu'une force infiniment petite.

Mais ayant donc diminué les caufes méchaniques, &
réduit toutes les réfiftances autant qu'il étoit poffible
& néceffaire, il eft arrivé que les caufes phyfiques du
chaud & du froid ont eu d'autant plus d'accès fur elle
pour la déranger, ce qui fait voir qu'il y a des bornes
au-delà defquelles les frottemens étant pour-ainfi-dire
échappés à la méchanique, font diminués avec d'autant
plus de force par les caufes phyfiques. Comme j'ai fait
plufieurs expériences avec cette montre, je ne crois
pas inutile d'en rapporter une partie.

Etant réglée à la température du quatorzieme degré
du thermometre de M. de Réaumur, elle a été avec une
régularité furprenante: j'ai pouffé la chaleur de cinq
degrés en cinq degrés, jufqu'au quarante-cinquieme, la
montre a continué d'aller avec une précifion au-deffus
des meilleures montres ordinaires. En un mot j'ai répété des expériences en différens tems pendant des cinq
à fix heures de fuite dans toutes les pofitions, à plat,
pendue, & en mouvement; elle a toujours foutenu fa
même régularité. Mais ce qu'il y a de fort fingulier,
c'eft que lorfque j'ai diminué la chaleur du quatorzieme
au douzieme degré, la montre a commencé à retarder
huit à dix fecondes par heure. Au dixieme degré elle
retardoit quinze à vingt-cinq fecondes; au huitieme
de trente-cinq à foixante fecondes; au fixieme de deux
à trois minutes & demie; au quatrieme elle retardoit
de fix & huit minutes; & à zéro elle retardoit fi confi-
dérablement qu'elle arrêtoit quelquefois au bout d'une
demi-heure, & quelquefois plus tard. J'ai répété toutes
ces expériences du froid; elles ont beaucoup varié:
c'eft-à-dire qu'au même degré de froid elle varioit fes
retards en plus & en moins. Etant remife à la température du quatorzieme, ou du vingtieme, trentieme, &c.
elle étoit deux à trois heures pour fe regler; après quoi
elle reftoit réglée comme dans les premieres expériences.

Si l'on fait un raifonnement fur les effets que la chaleur doit produire fur les montres, l'on trouvera:

Que la chaleur ouvrant les pores doit permettre aux
parties frottantes de fe pénétrer davantage, par-conféquent caufer du retard. La chaleur qui dilate les métaux
allonge les refforts moteurs & réglans, ils deviennent
plus foibles; autre caufe de retard.

La dilatation groffit les pivots, grandit les roues &
le balancier; autre caufe de retard.

N. 18. Horlogerie.

Le froid qui fait directement tout le contraire fur
chacun de ces objets, devroit faire auffi un effet tout
contraire, par-conféquent faire avancer la montre: il
en eft cependant arrivé tout autrement.

A quoi donc en rapporterons-nous la caufe?

Au frottement feul. Il eft certain qu'il en eft l'uni-
que caufe; car ayant fait depuis une infinité d'expériences fur les frottemens, j'ai toujours trouvé que le froid
augmentoit d'autant plus les réfiftances que les preffions
étoient plus foibles; d'où je conclus que cette réfiftance
fe trouve augmentée en plus grande raifon que toutes
les caufes contraires dont je viens de parler, & qui
tendoient à la faire avancer. Enforte que les montres
doivent d'autant plus retarder par le froid, qu'elles
font faites pour aller plus long-tems; que toutes chofes d'ailleurs égales, celles qui vont avec le moins de
force motrice font auffi celles où le froid fait les plus
grands effets: & au-contraire les montres qui vont avec
beaucoup de force, bien-loin de retarder par le froid,
avancent; il eft vrai qu'il s'y mêle un peu de deftruction
qui concourt à les faire avancer.

Les montres ne font pas feulement des machines
pour mefurer le tems, elles fervent encore d'ornement
& de parure, font partie des bijoux, & font une marque d'opulence. C'eft la raifon pour laquelle l'on enrichit les boîtes des montres par des gravures, peintures
en émail, & diamants. L'on emploie auffi toutes fortes
de cailloux pour les boîtes. En un mot tout ce qu'on
emploie pour orner les bijoux, eft employé pour les
montres; & réciproquement l'on enrichit les bijoux
en y plaçant des montres. J'ai fait des montres à répétition dans des bagues, bracelets, tabatieres, au bout
d'un étui, d'une pomme de canne, fur une navette, dans
une pelote. L'on fait auffi des montres de fantaifie,
très-petites, très-plates. J'ai fait une répétition qui n'a-
voit de hauteur que trois lignes; elle étoit des plus
plates qui fe foient faites: & pour donner une idée de
la délicateffe & de la précifion qu'une telle montre exige, il fuffira de dire que l'on y diftingue trente-fept
épaiffeurs les unes fur les autres perpendiculairement,
dont la plûpart ont leur jeu pour fe mouvoir fans fe
frotter.

Si ces montres n'ont pas un avantage fur les montres d'un volume ordinaire, l'on peut dire que les horlogers qui les font & qui les font bien, acquierent une
telle connoiffance de précifion & une délicateffe d'exécution, dont il n'appartient qu'à eux feuls de fe former
l'idée; car dans les ouvrages ordinaires il ne fuffit pas
de favoir qu'il faut une grande exactitude, il s'agit encore de la fentir.

Tout ce que l'horloger doit fe propofer dans ces
petits ouvrages, c'eft de les faire inceffables, de montrer l'heure à peu de chofes près, de réduire leur compofition autant qu'il eft poffible, en facrifiant même
quelque avantage utile aux groffes montres: & pour
fatisfaire à cet objet il faut encore du génie & de l'a-
dreffe.

Mais, dira-t-on, pourquoi donc faire des montres
un fujet de fantaifie, de mode, ou de caprice? n'ont-
elles pas affez de mérite par la nature de leur objet,
celui de mefurer le tems? doit-on rien faire qui tende à
altérer leur jufteffe?

Eh! pourquoi la nature ne fouffre-t-elle pas deux chofes égales, pourquoi faut-il de la variété dans tout?
Au-moins il eft très-certain que ceux qui font en état
de bien faire les petits ouvrages, le font encore plus de
faire les moyens.

Fig. 42. La platine des piliers vûe intérieurement ou
du côté oppofé au cadran.

43. La même platine vûe du côté fur lequel on place le
cadran.

44. La petite platine vûe antérieurement; au-deffous
font les développemens de la potence.

45. La même petite platine vûe extérieurement ou du
côté du coq qui recouvre le balancier; au-deffous
font les développemens de la couliffe & de la ro-
fette.

46. La platine des piliers vûe intérieurement & garnie
du barillet, de la fufée, des grandes & petites roues,

D

moyennes , & de la roue de champ ; au-deſſous ſont les développemens du reſſort de cadran.

1. *ſuite de la Planche* X. *cotée* B B *& la* 2. *ſuite, cotée* C C.

Montre à roue de rencontre.

Cette Planche & la ſuivante qui contient les développemens de la montre, ont été tirées du livre de M. Ferdinand Berthoud.

La *figure* 1. repréſente le cadran poſé ſur la platine de la *fig.* 3. Pl. B B , avec les aiguilles ajuſtées ſur leurs canons.

La *fig.* 2. repréſente l'intérieur de la montre, c'eſt-à-dire , toutes les pieces qui ſe poſent ſur la platine des piliers , lorſqu'on veut les remettre en place après avoir démonté la montre.

La *fig.* 3. fait voir l'autre côté de la même platine, avec les pieces qui ſont ſous le cadran, & qui ſervent à faire marcher les aiguilles.

Les *fig.* 4. *&* 8. dans les deux Pl. B B , C C , repréſentent les côtés intérieurs des platines qui forment la cage dans laquelle en place le rouage de la montre.

Les *fig.* 5. 6. Pl. B B , & les *fig.* 9, 10, 11, 12, 13, 14, 15, 16, 17, de la Pl. C C ſont des développemens des parties de la montre. *Voyez* à la deſcription de chaque partie.

La *fig.* 7. fait voir la montre toute montée, vûe en perſpective.

La *fig.* 2. Pl. B B , repréſente l'intérieur de la montre. A eſt le tambour ou barillet dans lequel eſt contenu le reſſort ou moteur, *fig.* 10. B eſt la roue de fuſée qui communique au barillet par le moyen de la chaîne H r.

La grande roue B , ou roue de fuſée, engrene dans le pignon *a*, qui porte la roue à longue tige C : le pivot prolongé de ce pignon paſſe à-travers la platine, & porte la chauſſée C , *fig.* 5. Le pignon K de cette chauſſée , *fig.* 3. qui eſt le même vû *fig.* 5. engrene dans la roue de renvoi E ; celle-ci porte un pignon D , qui fait mouvoir la roue de cadran F , *fig.* 6. Le bout de la chauſſée porte l'aiguille des minutes ; le bout du canon de la roue F de cadran porte l'aiguille des heures. La roue de longue tige C , *fig.* 2. engrene dans le pignon *b* que porte la petite roue moyenne D ; celle-ci engrene dans le pignon *c* que porte la roue de champ E , vû en perſpective, *fig.* 7. Pl. C C. cette roue engrene dans le pignon *e* de la roue de rencontre ou d'échappement , *figure* 17. laquelle roule dans les trous des pieces portées par le deſſous de la platine M M , *fig.* 7. le deſſous de cette platine eſt repréſenté , *fig.* 8. portant la roue de rencontre R , dont les pivots roulent dans les trous de la potence P & de la contre-potence A : l'axe de cette roue eſt parallele à la platine.

Le balancier B ſe meut dans une eſpece de cage formée par le coq, C C , *fig.* 7. & par la potence P portée par le deſſous de la platine M M , comme on voit, *fig.* 8.

Le pivot ſupérieur *a* du balancier, *figure* 7 tourne dans le trou *o* du coqueret *p o* qui tient au coq C C , ſous lequel tourne le balancier ; & le pivot inférieur tourne dans un trou fait en *o* à la potence P , *fig.* 8. qui eſt développée dans la *fig.* 13. La partie *q* de la potence P forme un petit hémiſphere dont le trou du pivot eſt le centre ; le ſommet de cet hémiſphere n'eſt ſéparé de la plaque *o p* que par un petit intervalle, par lequel s'introduit l'huile que l'on met aux pivots , & qui ne s'extravaſe jamais du trou, étant attirée par la ſurface de la plaque, & le ſommet de l'hémiſphere : cette diſpoſition

eſt très eſſentielle pour conſerver l'huile. Le coqueret *o p* du coq du balancier , *fig.* 7. eſt arrangé de la même maniere.

La vis V ſert à faire mouvoir le lardon L de la potence qui porte le trou où entre le pivot de la roue de rencontre ; ce mouvement du lardon L eſt pour ſervir à former l'échappement , & à rendre égales les chûtes de la roue de rencontre.

La piece *o p* eſt une plaque d'acier qui s'attache à la potence pour recevoir le bout du pivot de la verge, *fig.* 14.

La piece A , *fig.* 7. *&* 8. eſt la contre-potence qui ſert à porter le pivot inférieur *r* de la roue de rencontre R ; le bout du pivot roule ſur une plaque d'acier que porte cette contre-potence, à laquelle elle tient par le moyen d'une vis.

Les *fig.* 14. *&* 15. Pl. C C , repréſentent le balancier avec ſon ſpiral *a s*. *p* eſt le piton qui fixe le bout extérieur du ſpiral avec la platine. R *r*, *fig.* 15. eſt le rateau dont le bras *a* eſt fendu pour contenir le reſſort ſpiral : ce rateau R *r* ſert à déterminer la longueur du ſpiral, & par-conſéquent à regler la montre, ſelon qu'on approche la fente *a* , ou qu'on l'éloigne du piton P. Si on l'approche de *p*, pour-lors le reſſort ſpiral agira par une plus grande longueur ; car la longueur active du ſpiral ne ſe meſure que depuis *b*, au point où eſt fixé l'autre bout du ſpiral, puiſque la fente du bras *b* empêche qu'il n'agiſſe de plus loin : il ſera par-conſéquent plus lent dans ſes vibrations, & la montre retardera : ſi au-contraire on éloigne la fente *a* du piton *p*, le reſſort ſera plus court, il aura par conſéquent plus de vîteſſe, & fera avancer la montre.

Le rateau R *r* s'ajuſte ſous la piece *c c*, *fig.* 11. qu'on appelle la *couliſſe*. La couliſſe ſe fixe ſur la platine au moyen de deux vis. Elle ſert à contenir le rateau & à diriger ſon chemin autour du centre du balancier : le rateau eſt retenu ſous la couliſſe par une rainure faite, comme on le voit dans cette *figure*. On appelle *couliſſerie*, l'aſſemblage formé par le rateau & la couliſſe.

L'anneau ou cercle B B du balancier porte en-deſſous une cheville qui détermine l'étendue de ſes vibrations. Pour cet effet cette cheville eſt arrêtée par les bouts *c c* de la couliſſe.

Pour faire mouvoir ce rateau R *r*, *fig.* 15. le quarré qui porte l'aiguille *t* qu'on appelle l'*aiguille de roſette*, porte auſſi la roue S, laquelle engrene dans le rateau ; & ſelon qu'on tourne cette aiguille , on fait avancer ou reculer le rateau, & par-conſéquent on fait avancer ou retarder la montre, comme je viens de le dire. Le chemin de cette aiguille *t* eſt marqué par le cadran R , Pl. C C , *fig.* 7. ce cadran qu'on appelle auſſi la *roſette* porte des diviſions qui indiquent la quantité dont on fait marcher l'aiguille.

La *fig.* 12. Pl. C C , repréſente la fuſée F & la roue B : voici la maniere dont elles s'ajuſtent enſemble. La roue *f f* qui eſt au-deſſous de la fuſée, eſt taillée en rochet, c'eſt-à-dire que les dents ſont droites d'un côté, & inclinées de l'autre ; & ſon uſage eſt le même que celui des remontoirs des pendules.

La roue B eſt appliquée contre le rochet *f f* de la fuſée par le moyen de la virole C , laquelle entre à frottement ſur l'axe de la fuſée, ce qui l'empêche de s'en écarter, lui permettant ſeulement de tourner.

Lorſque l'on remonte les montres, on ſent un arrêt qui empêche de remonter le reſſort plus haut, & par-conſéquent de rien forcer : voici comment cet effet ſe produit. La platine N N , *fig.* 8. porte la piece ou bras *b* mobile ſur le piton B. Ce bras peut ſeulement s'approcher ou s'éloigner de la platine : le reſſort *r* tend continuellement à l'en éloigner. Lorſqu'on remonte la montre, la chaîne H , *fig.* 9. qui actuellement entoure le tambour A , s'applique dans la rainure de la fuſée F , en commençant par la baſe & finiſſant au ſommet ; pourlors la chaîne agit ſur le bras *b*, & l'oblige de s'approcher de la platine ; continuant à tourner la fuſée, le crochet G qu'elle porte vient arcbouter contre le bout *b* du bras, ce qui arrête l'effort de la main , & avertit que la montre eſt remontée au haut. Lorſque la fuſée eſt entraînée par le reſſort ou moteur, la chaîne s'applique de nouveau ſur le barillet A , & le reſſort *r* éloigne le bras *b*, qui permet au crochet G de la fufée de paffer entre lui & la platine. On appelle *garde-chaîne* les pieces *b*, B *r*, qui empêchent de trop remonter la montre.

Le reffort, *fig.* 10. fait voir le moteur d'une montre dans fon état naturel & développé : il fe met dans le barillet ou tambour A. Pour le faire entrer dans le barillet on fe fert d'un arbre portant un crochet qui agit fur le bout intérieur du reffort , lequel porte une ouverture pareille à celle *o* du bout extérieur. Ainfi, tournant cet arbre, les fpires du reffort fe refferrent & s'approchent, & on leur fait occuper un petit volume capable d'entrer dans le barillet A. Un bout de l'arbre *a* porte quarrément une roue R , *fig.* 9. qu'on appelle *roue de vis fans fin* ; elle doit être de l'autre côté du barillet; mais comme elle n'auroit pû être vûe, on l'a repréfentée deffus, comme on voit, pour en mieux faire fentir l'ufage ; les dents de cette roue entrent dans le pas de la vis fans fin V , *fig.* 4. Pl. B B : c'eft au moyen de cette roue R , & de la vis V, que l'axe du barillet refte immobile , tandis que le barillet tourne & que le reffort fe monte , felon que l'y oblige la fufée & qu'il fe développe enfuite par fa force naturelle , qui tend à reprendre fa premiere fituation. Pour cet effet un des bouts *r* du reffort s'accroche à l'arbre immobile *a*, & l'autre tient au barillet A , & par-conféquent celui-ci tourne , felon qu'il eft entraîné par le reffort ; ainfi les fpires du reffort s'enveloppent l'une fur l'autre , lorfqu'avec la fufée on fait tourner le barillet , & avec lui le bout *o* , & ainfi de fuite , &c.

Le bout extérieur du reffort eft détrempé pour faire l'ouverture *o*, ce qui le rend fujet à fléchir près de l'endroit où il eft accroché , & à frotter contre les fpires de ce reffort. Pour y obvier on fe fert d'une piece qu'on appelle *barrette*. Cette piece traverfe le barillet dans fon épaiffeur à 60 degrés environ du point de la circonférence intérieure du barillet où eft placé le crochet. Elle s'applique fur la lame du reffort à l'endroit où elle eft trempée ; & c'eft de ce point que l'on compte l'action du reffort : de même que celle du reffort fpiral du balancier des montres fe compte de la fente du rateau.

La vis fans fin V porte un bout quarré , au moyen duquel on peut faire tourner l'arbre du barillet, & donner plus ou moins de tenfion au reffort.

PLANCHE X. 3. *fuite*, *cotée* D D.

Montre à réveil.

Cette Planche & fon explication ont été tirées du livre de M. Ferdinand Berthoud.

Les montres à réveil font difpofées de maniere qu'une heure étant donnée, un marteau frappe fur un timbre, & fait un bruit capable d'éveiller. Le marteau eft mis en mouvement par un petit rouage particulier , fur lequel agit un reffort femblable à celui, Pl. VI. *fig.* 5. mais qui eft plus petit. Lorfqu'on veut que le réveil frappe, on fait tourner le cadran A , *fig.* 1. jufqu'à ce que l'heure à laquelle on veut s'éveiller fe trouve fous la pointe E de l'aiguille des heures ; on remonte le reffort du réveil & on laiffe marcher la montre. Lorfque l'aiguille des heures eft parvenue fur le grand cadran à l'heure marquée par l'aiguille fur le cadran A , une détente qui communique au cadran donne la liberté au petit rouage de tourner & de faire frapper le marteau fur le timbre. Il y a différens moyens mis en ufage pour faire des réveils ; mais celui de tous qui eft le plus fimple, le plus facile à exécuter, & qui médiocrement fait eft le plus folide , eft celui dont on va voir la defcription, & que repréfentent les *figures* 1, 2, 3, 4.

B eft le barillet ou tambour du mouvement. A la roue de fufée. F la fufée. S la chaîne. G le crochet qui arrête contre le garde-chaîne. C la grande roue moyenne. D la petite roue moyenne. E la roue de champ ; & R , *fig.* 4. la roue de rencontre ou d'échappement.

Les roues C & R , *fig.* 3. font les roues de cadran.

Voilà toutes les parties d'une montre ordinaire, femblable à celle décrite ci-devant, il n'eft donc pas befoin de répéter ici cette defcription ; nous nous arrêterons fimplement à ce qui regarde le réveil.

La roue G , *fig.* 2. eft la premiere roue de réveil ; elle eft portée par l'axe *m* , fur lequel eft fixé le rochet N, qui agit fur l'encliquetage porté par la roue G.

La platine , *fig.* 4. s'applique fur celle , *fig.* 2. qui porte les piliers , ce qui forme la cage dans laquelle fe meuvent les roues de la feconde *figure* : cette platine , *fig.* 4. ainfi mife , l'axe *m* paffe dans le trou du barillet B , enforte que fon crochet N entre dans l'œil intérieur du reffort ou moteur du réveil contenu dans le barillet. Ainfi lorfqu'on remonte cet axe, le crochet qu'il porte tend le reffort , dont le bout extérieur eft attaché au bord extérieur du barillet ; & lorfque le reffort ramene le crochet ou axe N & le rochet *m*, celui-ci agit fur le cliquet porté par la roue G , & l'oblige de tourner , ainfi que la roue *n* portée par le pignon *g* , & dans lequel elle engrene , & fait par-conféquent auffi tourner le pignon *f* : fur celui-ci eft fixée la roue ou rochet R qui eft pofé fur l'autre côté de la platine *fig.* 3. de même que la roue *n* : les pivots de ces roues tournent dans les trous du pont H.

Les dents du rochet R d'échappement, *fig.* 3. agiffent alternativement fur les leviers *a* , *b* , qui fe communiquent le mouvement réciproquement , au moyen des dents que ces leviers *a* , *b*, portent. Le levier *a* eft fixé & mis quarrément fur le pivot prolongé *p* du marteau du réveil *m*, *fig.* 5. Ce marteau eft mobile , & fe pofe en I , *fig.* 2. & paffe fous le barillet B du mouvement ; l'autre levier *b* fe meut fur une broche que porte la platine , *fig.* 3. Ces deux leviers *a* & *b* étant mis en mouvement par le rochet R , on voit que le marteau M , *fig.* 2. tournera , allant & venant alternativement de côté & d'autre , & que fi l'on place en M & M un corps fonore, comme par exemple un timbre , ce marteau le fera fonner avec une force relative à l'efpace que le marteau parcourra , à la maffe du marteau , à la force du moteur ou reffort , & enfin à la grandeur du timbre. Le bruit que doit faire un réveil dépend donc de ces différentes chofes , & de la maniere dont la force du reffort fe communique au moteur , &c.

La piece A , *fig.* 3. eft portée quarrément par le pivot prolongé de l'axe ou arbie *m*, *fig.* 2. Ce quarré ou pivot paffe au cadran & fert à remonter le réveil : cette piece porte une dent dont l'ufage eft de regler le nombre de tours dont on doit remonter le reffort du réveil. La petite roue F porte trois dents , qui n'occupent qu'une moitié ou partie de la circonférence ; enforte que fi l'on fait tourner la dent de la piece A , elle entrera alternativement dans les vuides des dents de la roue F , & cela jufqu'à ce que cette roue F préfente la partie où il n'y a pas de dents : pour-lors la dent de la piece A ne pourra plus tourner , & le reffort fera remonté : enfin lorfque le reffort fe développera , il ne tournera qu'au point où la dent de la piece A viendra pofer fur le bord de la roue.

La roue F tourne fur une broche ou vis portée par la platine : le reffort ou piece G preffe cette roue F, de maniere qu'elle ne tourne qu'à frottement , lorfqu'elle y eft obligée par la dent de la piece A. Voyons maintenant comment le rouage & le moteur font retenus lorfque le reffort eft monté , & par quel moyen le réveil part à une heure précife à volonté.

Le levier *b*, *fig.* 3. porte la partie angulaire 1 , 2, dans laquelle entre l'angle *d* formé fur le bras de la détente *d f* 4, mobile en *f*; le bras *f* 4 vient pofer fur une plaque *p* fixée fur un canon qui entre à frottement fur celui de la roue C de cadran : cette plaque *p* fait donc un tour en douze heures.

Pendant tout le tems que le bras *f* 4 appuye fur le bord de la plaque *p*, les leviers *a* & *b* étant retenus par l'angle *d* de cette détente , ne peuvent tourner , ni le marteau frapper. La plaque *p* a une entaille *o*, laquelle étant parvenue à l'extrémité 4 de la détente *d f* 4, fert à y laiffer defcendre le bras *f* 4, lequel preffé par le reffort *q*, ainfi que par le plan incliné de l'angle 1 , 2, ne tend qu'à entrer dans l'entaille *o*, dès qu'elle fe préfente : pour-lors le bras *d* s'éloigne de l'angle 1 , 2 du levier , celui-ci tourne par ce moyen de côté & d'autre , felon que l'y oblige le rochet R ; ainfi le marteau frappe fur le timbre.

Le cadran A, *fig.* 1. eſt diviſé en douze parties; il ſe fixe quarrément ſur le canon de la plaque *p, fig.* 3. laquelle tourne, comme je l'ai dit, avec la roue du cadran.

L'entaille *o* de la plaque *p* ſe préſente au bras 4 *f*, à l'inſtant que les douze heures du petit cadran ſe trouvent dans la ligne de ſix heures du grand: ainſi chaque fois que le cadran A fait un tour, ſi le réveil eſt monté, il marchera au moment que le chiffre 12 ſe trouvera à la ligne de ſix heures. Or ſi dans cette poſition on met la petite pointe de l'aiguille des heures (l'aiguille eſt diamétralement oppoſée à la grande aiguille) ſur le chiffre 12 du cadran A, l'aiguille des heures marquera midi ſur le grand cadran, tandis que les douze heures du petit cadran ſeront diamétralement oppoſées à celles du grand; ainſi le réveil partira à midi, juſqu'à cet inſtant l'entaille *o* ſe préſente au bras 4 *f*.

Le réveil part, comme on vient de le voir, chaque fois que le chiffre 12 ſe trouve avec la ligne de ſix heures du grand cadran; ainſi l'heure à laquelle il doit frapper le marteau dépend de l'intervalle qu'il y aura du chiffre 12 du cadran A à la pointe E de l'aiguille; car on a vû qu'en mettant la pointe E de l'aiguille ſur le chiffre 12, le réveil part, lorſque l'aiguille des heures arrive ſur le midi. Si donc on met la pointe E de l'aiguille ſur le chiffre 1 du cadran A, cela rétrogradera d'une heure le cadran: ainſi lorſque l'aiguille des heures ſera ſur le midi, la pointe de l'aiguille étant ſur le chiffre 1 du cadran, il faudra que l'aiguille des heures parcoure une heure du grand cadran; pour-lors le chiffre 12 du cadran A ſera dans la ligne de ſix heures, & le réveil partira.

C'eſt par un ſemblable raiſonnement qu'on verra que mettant la pointe E de l'aiguille ſur le chiffre 3, lorſque l'aiguille des heures ſera arrivée ſur le midi, le cadran de réveil préſentera le chiffre 3 à la ligne de ſix heures: il faudra donc que l'aiguille des heures & le cadran A parcourent encore trois heures avant que le chiffre 12 ſoit parvenu à la ligne de ſix heures, & que le réveil frappe: celui-ci partira donc lorſque l'aiguille des heures arrivera ſur trois heures, & ainſi de ſuite pour toutes les autres heures, &c.

Dans les réveils à cadran il ſuffit donc de mettre le chiffre qui repréſente l'heure à laquelle on veut être éveillé, ſous la pointe E de l'aiguille: pour-lors la grande aiguille arrivée à l'heure en queſtion, le réveil ſonne.

Le bras *x* du levier *b, fig.* 3. ſert à empêcher le marteau M d'approcher trop près du timbre; la fourchette P qui fait reſſort, ramene le marteau dès qu'il a frappé ſur le timbre; le reſſort *h* eſt celui du cadran. 5 eſt un cliquet qui, avec le rochet D, tient lieu de la vis ſans fin, qui s'emploie communément pour fixer par l'arbre le bout intérieur du reſſort de mouvement, & pour lui donner le degré de tenſion dont il eſt beſoin: le reſſort 3 preſſe le cliquet contre le rochet D.

Bas de la Planche.

Montre à équation, à ſecondes concentriques, marquant les mois & leurs quantiemes.

La *fig.* 7. Pl. D D, repréſente le cadran de cette montre; l'aiguille des ſecondes paſſe, comme dans les pendules, au-deſſus des autres aiguilles: c'eſt une ſuite de la diſpoſition de cette piece.

L'aiguille des minutes eſt en deux parties diamétralement oppoſées, dont la plus grande marque les minutes du tems *moyen*, ſur le grand cadran; & l'autre, où eſt gravé un ſoleil, marque les minutes du tems *vrai* ſur le cadran A qui eſt au centre du premier. L'ouverture C faite dans le grand cadran eſt pour laiſſer paroître les mois de l'année gravés ſur la roue annuelle, ainſi que les quantiemes qui ſe font de cinq en cinq: l'uſage de ces quantiemes eſt principalement pour remettre la montre lorſqu'elle a été arrêtée, enſorte que l'équation réponde exactement à celle du jour où l'on eſt. Pour cet effet l'étoile E, *fig.* 8 a un de ſes rayons qui eſt toujours faillant en-dehors de la fauſſe plaque, ce qui donne la liberté de la faire tourner, & par ſon moyen la roue annuelle.

La montre ſe remonte par-deſſous, ce qui a permis

d'appliquer au fond de la boîte un cercle de quantieme, conſtruit comme ceux dont parle M. Thiout, *traité d'Horlogerie*, tom. II. pag. 387.

La *figure* 9. repréſente l'intérieur de la fauſſe plaque, dont le dehors porte les cadrans, *fig.* 7. C'eſt dans cette plaque que ſont ajuſtées les pieces qui forment l'équation, ou qui donnent les variations du ſoleil. A eſt la roue annuelle de 146 dents, fendue à rochet, miſe immédiatement ſur le cadran: elle tourne ſur un canon de porte la fauſſe plaque; la roue annuelle s'appuie ſur le fond de la plaque; l'ellipſe B eſt attachée ſur la roue annuelle; elle fait mouvoir le rateau HF, qui engrene dans le pignon C; celui-ci eſt porté par un canon qui paſſe dans l'intérieur de celui de la fauſſe plaque: ſur le canon où eſt fixé le pignon C, eſt attaché en-dehors le cadran A du tems vrai. Ainſi on voit qu'en faiſant mouvoir la roue annuelle, ce cadran doit néceſſairement ſe mouvoir, tantôt en avançant, & enſuite en ſe retrogradant, ſuivant qu'il y eſt obligé par les différens rayons de l'ellipſe, ce qui produit naturellement les variations du ſoleil: voici le moyen pour faire mouvoir la roue annuelle.

Le garde-chaîne de la montre eſt fixé ſur une tige, dont les pivots ſe meuvent dans les deux platines, & peut y décrire un petit arc de cercle; un de ces pivots porte un quarré ſur lequel eſt ajuſté dans la cadrature le levier A C, *fig.* 8. à pié de biche. On voit dans la *fig.* 6. ce garde-chaîne, qui eſt repréſenté en perſpective avec l'étoile & le crochet de la fuſée.

Lorſqu'on remonte la montre, le garde-chaîne A B C, *fig.* 6. fixé ſur la tige & mis entre les deux platines, eſt ſoulevé par la chaîne, juſqu'à ce qu'il ſoit à la hauteur du crochet D de la fuſée; le crochet lui donne un petit mouvement circulaire qu'il communique au pié de biche C, *fig.* 8. dont l'extrémité s'engage dans l'étoile E, qui eſt à cinq rayons, & fait ainſi paſſer un de ces rayons toutes les fois que le crochet de la fuſée pouſſe le garde-chaîne.

L'étoile E eſt aſſujettie par un valet ou ſautoir D qui lui fait faire la cinquieme partie d'un tour, & l'empêche de revenir en ſens contraire lorſque le pié de biche ſe dégage; l'axe de cette étoile porte deux palettes oppoſées, comme on le voit, *fig.* 6: ces palettes ſervent à conduire la roue annuelle, enſorte que deux dents de cette roue paſſent néceſſairement en cinq jours; ce qui lui fait faire ſa révolution en 365 jours.

Sur la fauſſe plaque, *fig.* 9. eſt attaché un reſſort KL, qui ſert de ſautoir pour maintenir la roue annuelle, enſorte que les palettes que porte l'étoile ne puiſſent lui faire paſſer ni plus ni moins de deux dents pendant une des révolutions de cette étoile.

On peut faire mouvoir la roue annuelle d'un mouvement continu, en ſupprimant ce garde-chaîne mobile, & en faiſant de l'étoile une roue qui engrene avec une roue du mouvement, qui lui faſſe faire un tour en cinq jours.

Le reſſort G, *fig.* 9. ſert à preſſer continuellement le rateau H contre l'ellipſe. Pour cet effet le bout F de ce rateau porte une cheville qui appuie ſur le bord de l'ellipſe; ainſi le rateau avance & rétrograde ſelon que l'ellipſe l'y oblige; & celui-ci fait avancer ou rétrograder le pignon C & le cadran A, *fig.* 7. Or comme l'aiguille S du tems vrai ſe meut d'un mouvement uniforme, les variations du cadran exprimeront celles du ſoleil. L'aiguille S marquera donc les variations du ſoleil, tandis que le bout oppoſé indiquera les minutes du tems moyen: le reſſort B, *fig.* 8. ſert à ramener le pié de biche A C, à meſure que le crochet de la fuſée rétrograde.

PLANCHE X. 4. *ſuite, cotée* EE, & 5. *ſuite, cotée* FF.

Montre à répétition avec un échappement à cylindre, ſelon la conſtruction de Graham.

Cette Planche & ſon explication ſont tirées du livre de M. Berthoud.

La *fig.* 1. de la Pl. EE repréſente le rouage du mouvement compoſé des roues B, C, D, E, F, & celle du rouage

rouage de la répétition *a*, *b*, *c*, *d*, *e*, *f*, qui composent le petit rouage ; toutes ces pieces sont renfermées entre les deux platines. Le ressort du mouvement est contenu dans le barrillet A. B est la grande roue ou la roue de fusée. C la grande roue moyenne, dont le pivot prolongé porte la chaussée sur laquelle s'ajuste l'aiguille des minutes. D est la petite roue moyenne. E la roue de champ, & F la roue de cylindre ou d'échappement. La fusée I est ajustée sur la grande roue B, de la même maniere que nous l'avons vû : pour celle de la montre, la chaîne l'entoure de même, & tient de même au barillet. Le crochet O sert à arrêter la main, lorsque l'on a remonté la montre au haut ; il arrête sur le bout du garde-chaîne C, qui tient à l'autre platine : son effet se fait de même que celui de la montre simple. La *fig.* 8. représente le développement de l'échappement à cylindre. B est le balancier fixé sur le cylindre. F est la roue de cylindre, laquelle est représentée comme tendant à agir sur le cylindre & à faire faire des vibrations au balancier. On n'a pas fait mettre le spiral ni ce qu'on appelle la *coulisserie*, & le dessus de la platine. On appelle *dessus de platine* les pieces qui se mettent sur la platine du balancier, comme la rosette, le coq, & la coulisserie ; toutes ces parties étant les mêmes que celles de la montre à roues de rencontre vûe dans les Planches précédentes.

Le rouage de la répétition est composé de cinq roues *a*, *b*, *c*, *d*, *e*, du pignon *f*, & de quatre autres pignons. L'effet de ce rouage est de regler l'intervalle entre chaque coup de marteau.

La premiere roue *a*, ou grande roue de sonnerie, porte un cliquet & un ressort sur lequel agit un petit rochet mis sous le rochet R, ce qui forme un encliquetage comme celui que l'on a vû à la premiere roue de la répétition, & dont l'usage est le même, c'est-à-dire que quand on pousse le poussoir, le rochet R rétrograde, sans que la roue *a* tourne ; & le ressort qui est dans le barillet B ramenant le crochet R, dont l'axe *g* est accroché au ressort, le petit crochet arcboute contre le cliquet, fait tourner la roue *a*, & le rochet R fait frapper le marteau M, dont le bras M est engagé dans les dents de ce rochet.

Le ressort *r* attaché à la platine, *fig.* 2. agit sur la petite partie *n* du bras *m*, *fig.* 1. L'effet de ce ressort est de presser le bras *m* contre les dents du rochet, desorte que lorsque l'on fait répéter la montre, le rochet R rétrograde, & le ressort *r* ramene toujours le bras *m*, afin que les dents du rochet fassent frapper le marteau. Passons maintenant à la description de la cadrature.

La *fig.* 6. dans la Pl. F F, représente cette partie d'une répétition qu'on appelle *cadrature*. Elle est vue dans l'instant où l'on vient de pousser le bouton pour la faire répéter. P est l'anneau auquel tient le poussoir ; il entre dans le canon O de la boîte, & s'y meut sur sa longueur, en tendant au centre ; il porte la piece *p* qui est d'acier, & fixée au poussoir ; elle est limée, plate par-dessous : une plaque qui tient à la boîte sert à l'empêcher de tourner, & lui permet seulement de se mouvoir sur sa longueur : l'excédant de cette piece est pour retenir le poussoir de maniere qu'il ne puisse sortir du canon de la boîte.

Le bout de la piece *p* agit sur le talon *t* de la crémaillere CC, laquelle a son centre de mouvement en *y*, & dont l'extrémité *c* fixe un bout de la chaîne *s s*. L'autre bout tient à la circonférence d'une poulie A, mise quarrément sur l'axe prolongé de la premiere roue du petit rouage : cette chaîne passe sur une seconde poulie B.

Si donc on pousse le poussoir P, le bout *c* de la crémaillere parcourra un certain espace, & par le moyen de la chaîne *s s*, il fera tourner les poulies A, B : ainsi le rochet R, *fig.* 7. rétrogradera jusqu'à ce que le bras *b* de la crémaillere appuie sur le limaçon L : pour-lors le ressort moteur de la répétition ramenant le rochet & les pieces qu'il porte, le bras *m* se présentera aux dents de ce rochet, & le marteau M frappera les heures, dont la quantité dépend du pas du limaçon L, qui se présente au bras *b*. Le limaçon L est fixé à l'étoile E, par le moyen de deux vis : ils tournent l'un & l'autre sur la tige de la vis V, portée par le tout-ou-rien T R,

qui se meut sur son centre T ; le tout-ou-rien forme avec la platine une cage où tournent l'étoile & le limaçon des heures. Voyons maintenant comment les quarts sont répétés.

Outre le marteau M des heures, il y en a un autre N, Pl. précédente, *fig.* 1. dont l'axe ou pivot passe dans la cadrature, & porte la piece 5, 6, *fig.* 6. Le pivot prolongé du grand marteau passe aussi dans la cadrature, & porte le petit bras *q* : ces pieces 5, 6 & *q* servent à faire frapper les quarts à doubles coups. C'est-là l'effet de la piece des quarts Q, laquelle porte en F & en G des dents qui agissent sur les pieces *q*, 6, & font frapper le marteau : cette piece Q est entraînée par le bras K que porte l'axe du rochet R au-dessus de la poulie A, de maniere que, lorsque les heures sont répétées, le bras K agit sur la cheville G fixée sur la piece des quarts, & l'oblige de tourner & de lever les bras *q* & 6, & par-conséquent les marteaux.

Le nombre des quarts que doivent frapper les marteaux est déterminé par le limaçon des quarts N, selon les enfoncemens 5, 1, 2 ou 3 qu'il présente ; la piece des quarts Q pressée par le ressort D, rétrograde ; & les dents s'engagent plus ou moins avec les bras *q*, 6, qui ont aussi un mouvement rétrograde, & sont ramenés par les ressorts 10 & 9 : le bras K ramenant la piece des quarts, le bras *m* que porte cette piece, agit sur l'extrémité R du tout-ou-rien T R, dont l'ouverture *x*, à-travers de laquelle passe une branche fixée à la platine, permet que R parcoure un petit espace : le bras *m* étant parvenu à l'extrémité R, celle-ci pressée par le ressort *i x*, revient à son premier état, de maniere que le bras *m* pose sur le bout R, & que la piece des quarts ne peut rétrograder sans qu'on éloigne le tout-ou-rien. Le bras *u* que porte la piece des quarts sert à renverser la levée *m*, *fig.* 7. dont la partie I passe dans la cadrature ; ensorte que lorsque les heures & les quarts sont répétés, la piece des quarts continue encore à se mouvoir, & le bras *u* renverse la levée *m* de la *fig.* 1. Pl. E E au moyen de la cheville 1 qui passe à la cadrature, & la met par ce moyen hors de prise du rochet R, pendant tout le tems que le tout-ou-rien T R ne laissera pas rétrograder la piece des quarts ; ce qui n'arrivera que dans le cas où ayant poussé le poussoir, le bras *b* de la crémaillere presse le limaçon, & fasse parcourir un petit espace à l'extrémité R du tout-ou-rien ; alors la piece des quarts descendra & dégagera les levées, & les marteaux frapperont le nombre d'heures & de quarts que donnent les limaçons L & N.

Le grand marteau porte une cheville 3 qui passe dans la cadrature au-travers de l'ouverture 3 : le ressort agit sur cette cheville, & fait frapper le grand marteau : ce marteau porte une autre cheville 2 qui passe aussi dans la cadrature par l'ouverture 2 ; c'est sur celle-ci qu'agit le petit talon de la levée *q* pour lui faire frapper les coups pour les quarts : le petit marteau porte aussi une cheville qui passe dans la cadrature par l'ouverture 4 ; c'est sur cette cheville que presse le ressort 7, pour faire frapper le marteau des quarts ; le ressort S est le sautoir qui agit sur l'étoile E.

La *fig.* 9. Pl. F F, représente la chaussée & le limaçon N, *fig.* 6. vû en perspective. Le limaçon N des quarts est rivé sur le canon *c* de la chaussée, dont l'extrémité D porte l'aiguille des minutes : ce limaçon N porte la surprise S, dont l'effet est le même qu'à celle de la répétition en pendule ; c'est-à-dire que lorsque la cheville O de la surprise fait avancer l'étoile, & que le sautoir acheve de la faire tourner, une des dents de l'étoile vient toucher la cheville O qui porte la surprise, & fait avancer la partie Z, *fig.* 6. de cette surprise, ensorte que le bras Q de la piece des quarts porte dessus cette partie Z, & empêche la piece des quarts de descendre dans le pas 3 du limaçon ; ainsi la piece répete seulement l'heure. Ce changement d'une heure à l'autre se fait par ce moyen en un instant, & la piece frappe exactement les heures marquées par les aiguilles.

Le canon de la chaussée *c* D, *fig.* 9. est fendu, afin qu'il puisse faire ressort sur la tige de la grande roue moyenne, sur laquelle il entre à frottement, assez doux pour pouvoir tourner aisément l'aiguille des minutes de coté & d'autre, & en avançant & reculant cette aiguille, felon qu'il en eft befoin; on met auffi à l'heure l'aiguille des heures.

Il eft bon de détromper ici les perfonnes qui croyent qu'on fait tort aux montres en faifant tourner l'aiguille des minutes en arriere: pour fe convaincre que cela n'y fait rien, il fuffit de remarquer la pofition que doivent avoir les pieces d'une cadrature de répétition, lorfqu'elle a répété à l'heure, & que le moteur a ramené & écarté toutes les pieces qui communiquent aux limaçons L, N, car pour-lors il ne refte de communication entre les pieces du mouvement & celles de la cadrature, que celle de la cheville O du limaçon ou furprife, avec les dents de l'étoile E, que rien n'empêche de rétrograder. Si donc on fait tourner l'aiguille des minutes d'un tour en arriere, la cheville O fera auffi rétrograder une dent de l'étoile; & fi l'on fait répéter enfuite la montre, elle frappera toujours jufte les heures & quarts marqués par les aiguilles. Mais il eft à obferver que fi l'on tournoit les aiguilles dans le tems même qu'on fait répéter la montre, alors elles feroient empêchées: il faut donc pour toucher aux aiguilles d'une montre ou pendule à répétition, attendre qu'elle ait répété l'heure & que toutes les pieces aient repris leur fituation naturelle.

Il eft aifé de conclure de-là que, puifqu'à une montre à répétition on peut avancer & rétrograder, felon qu'il eft befoin, l'aiguille de minutes, à plus forte raifon cela eft-il poffible dans une montre fimple, où aucun obftacle ne s'y oppofe.

Quant à l'aiguille des heures d'une montre à répétition, on ne doit la faire tourner fans celle des minutes, que dans le cas feulement où la répétition ne frapperoit pas l'heure marquée par l'aiguille des heures; pour-lors il faudroit remettre cette aiguille à l'heure que frappe la répétition.

Lorfque la répétition fe **dérange** d'elle-même d'avec l'aiguille des heures, c'eft une preuve que le fautoir S ou la cheville O du limaçon, ne produit pas bien fon effet.

La roue de renvoi, *fig.* 12. fe pofe & tourne fur la broche 12, *fig.* 6. Cette roue engrene dans le pignon de la chauffée N; celui-ci a douze dents; la roue, *fig.* 12. en a trente-fix: la chauffée fait donc trois tours pendant qu'elle en fait un; celle-ci porte un pignon qui a dix dents, qui engrene dans la roue de cadran, *fig.* 10. qui en a quarante: la roue, *fig.* 12. fait donc quatre tours pour un de la roue de cadran; la chauffée fait par-conféquent douze tours pour un de la roue de cadran: or la chauffée fait un tour par heure; la roue de cadran refte donc douze heures à faire une révolution: c'eft le canon de cette roue qui porte l'aiguille des heures. La levée *m n*, *fig.* 7. peut décrire un petit arc qui permet au rochet R de rétrograder; & dès que le moteur le ramene, le bras 1 de la levée entraîne le marteau M.

La *fig.* 8. repréfente le deffous du tout-ou-rien avec deux broches, l'une *u*, fur laquelle il fe meut, & l'autre *x*, fur laquelle tourne l'étoile & le limaçon, *fig.* 11. le trou *c* de cette piece fert à laiffer paffer le quarré de la fufée du mouvement, lequel paffe au cadran pour remonter la montre.

W, *fig.* 6. eft le reffort de cadran, c'eft lui qui empêche que le mouvement ne s'ouvre.

Y eft un petit pont qui retient la crémaillere, & l'empêche de s'éloigner de la platine, lui permettant feulement de tourner fur elle-même.

Toutes les parties de la répétition fe logent fur la platine, & font recouvertes par le cadran: ainfi il faut qu'entre la platine, *fig.* 6. & le cadran, il y ait un intervalle qui permette le jeu de la cadrature: c'eft à cet ufage qu'eft deftinée une piece qui n'eft pas ici repréfentée, & qu'on appelle la *batte*. Cette batte eft une efpece de cercle ou virole qui s'emboîte fur la circonférence de la platine avec laquelle elle eft retenue au moyen des clés 13 & 14: la batte eft recouverte par le cadran; celui-ci fe fixe après la batte au moyen d'une vis.

PLANCHE X. 6. *fuite cotée* G G.

Montre à équation, à répétition & fecondes concentriques, d'un feul battement.

Cette Planche & fa defcription ont été tirées du livre de M. Ferdinand Berthoud.

La *fig.* 1. repréfente le plan ou calibre du rouage. A eft le barillet. B la fufée, dont la roue de cinquante-quatre dents engrene dans un pignon de douze qui porte la grande roue moyenne C de foixante-quatre dents, laquelle engrene dans un pignon de huit, qui porte la petite roue moyenne D de foixante-quatre dents, laquelle engrene dans un pignon de huit qui porte la roue de champ E de foixante dents, engrenée dans un pignon de huit que porte la roue d'échappement F de trente dents: or le balancier faifant un battement par fecondes, la roue d'échappement refte une minute à faire un tour; & comme elle fait fept tours & demi pour un de la roue de champ, celle-ci refte fept minutes & demie à faire une révolution. Le pignon qui porte cette roue eft prolongé & paffe à la cadrature; il engrene & mene la roue I, *fig.* 2. qui a 64 dents: le pignon de la roue de champ fait donc huit tours pour un de la roue I: or il emploie fept minutes & demie à faire un tour, donc la roue I emploie 8 fois 7 minutes & demie à faire fa révolution, c'eft-à-dire foixante minutes ou une heure: c'eft donc le canon de cette roue I qui porte l'aiguille des minutes.

Les petites roues *a*, *b*, *c*, *d*, *e*, repréfentent celles du rouage de répétition.

En calculant les révolutions du rouage de la montre on trouve que la roue d'échappement fait 2160 tours pour un de la fufée, lequel dure par conféquent 2160 minutes, ou trente-fix heures. C'eft cette même roue qui fait mouvoir la roue annuelle, & qui lui fait faire une révolution en 365 jours, ainfi que nous allons le faire voir.

La *figure* 2. repréfente la difpofition des parties de la répétition: elle eft deffinée fort exactement d'après une piece totalement exécutée felon les mêmes dimenfions.

Les pieces qui concernent la répétition produifent les mêmes effets que dans les répétitions ordinaires décrites ci-devant: nous nous difpenferons donc d'entrer là-deffus dans un nouveau détail, la *figure* fervira à en montrer la diftribution.

La fufée repréfentée, *fig.* 9. porte le pivot I, lequel entre dans un canon d'acier fixé fur la roue de fufée B, vûe de profil; c'eft ce canon qui forme le pivot inférieur de la fufée, & qui roule dans le trou de la platine: fur le bout prolongé 2 de ce canon, entre à frottement la petite roue ou pignon *a*; ce pignon eft vû en plan, *fig.* 2. il a douze dents & engrene dans la roue *b* qui en a feize; celle-ci porte un pignon de fix, qui engrene dans la roue C, qui en a trente; celle-ci tient à frottement avec le rochet fixé fur l'axe d'un pignon de quatre dents, lequel engrene dans la roue annuelle C, *fig.* 3. celle-ci a 146 dents.

Nous avons dit plus haut que la roue de fufée fait une révolution en trente-fix heures; le pignon *a* qu'elle porte fait donc auffi un tour en même tems. La roue *b* qui le mene ayant feize dents, refte quarante-huit heures à faire une révolution; & comme elle porte un pignon de fix, qui engrene dans la roue C de trente, elle fait cinq tours pour un de la roue C; celle-ci refte donc dix jours à faire une révolution: enfin tandis que la roue annuelle A fait une révolution, le pignon 4 en fait trente-fix & demi, puifque quatre dents du pignon font contenues trente-fix fois & demie dans 146 dents de la roue: or multipliant 36 & demi par 10 jours, on a 365 jours, qui eft le tems de la révolution de la roue A.

La petite roue *b* fe meut entre la platine & un petit pont.

Le pivot inférieur de la roue C roule dans un trou de la platine, & le pivot fupérieur entre dans un trou de la batte ou fauffe plaque, *fig.* 7. laquelle étant appliquée fur la première *figure*, recouvre toute la cadrature, & fe fixe avec la platine par un petit drageoir qui la centre, & par deux vis qui entrent dans les tenons *e, f;* de cette maniere la roue C fe meut entre la platine & la batte, comme dans une cage; & pour-lors le pignon 4 engrene dans la roue annuelle, & lui fait faire une révolution en 365 jours d'un mouvement uniforme.

La roue annuelle vûe, *fig.* 11. fe meut fur le centre ou canon porté par la batte vûe en perfpective, *fig.* 7. Elle y porte à plat, deforte qu'elle ne peut s'en écarter; elle eft retenue après la batte par le canon d'acier, *fig.* 15. *c*.

L'intérieur de ce canon entre à frottement fur le côté extérieur du canon formé par la batte; le côté extérieur du canon d'acier entre jufte dans le trou de la roue annuelle; le canon d'acier appuie par ce moyen fur la roue, enforte que celle-ci ne peut s'écarter en aucune maniere du fond de la batte, ne pouvant que tourner autour de fon centre.

Sur la roue annuelle eft fixée, par deux petites chevilles, l'ellipfe, *fig.* 13. vûe par le deffous, & appliquée, à la roue annuelle.

Le pignon ou chauffée A, *figure* 14. eft d'acier, & percé dans fon centre : le côté extérieur roule jufte dans le trou du canon de la batte, *figure* 7. Le trou intérieur de ce pignon eft de grandeur pour y laiffer paffer librement le canon de la roue de cadran & de l'aiguille des heures; ce pignon ou chauffée a une petite portée qui forme un fecond canon, fur lequel entre à frottement la plaque F, & tellement qu'elle entre au fond de la portée, dont la hauteur eft déterminée par la longueur du canon de la batte : le pignon roule de cette maniere librement & jufte dans ce canon, duquel il ne peut s'écarter, étant retenu par la plaque F, qui l'arrête par le deffus de la batte. Cette plaque fert en même tems à porter le petit cadran, *figure* 10. qui eft celui du tems vrai : il eft fixé après la plaque par le canon de la plaque F, vû en perfpective, & entre dans le trou du petit cadran, ce qui le centre; une vis fert à le fixer après la plaque : la révolution du pignon fur fon canon entraine donc le petit cadran.

Le petit cadran tourne fort jufte dans le vuide du grand cadran, *fig.* 6. & paffe même un peu deffous pour ne pas laiffer de jour, & qu'on ne voie que l'émail. Le grand cadran porte trois piés qui entrent dans les trous de la batte, vûe par-deffus, *figure* 4. il fe fixe avec elle par une petite vis.

Nous avons déjà expliqué, en parlant de la pendule à équation, comment l'aiguille des minutes portant une aiguille oppofée qui marque fur le petit cadran du tems vrai, fert à indiquer une heure différente, felon que l'on fait avancer ou rétrograder ce petit cadran, & que par ce moyen l'aiguille tournant d'un mouvement uniforme, indique un tems variable comme celui du foleil. C'eft à cet ufage qu'eft deftinée l'ellipfe D E, *figure* 3. ce qui fe fait au moyen du rateau B, qui engrene dans le pignon ou chauffée A qui porte le petit cadran. Ce rateau porte en B une piece d'acier qui forme une petite poulie, dont le fond appuie fur le bord de l'ellipfe : la *fig.* 15. *a*, repréfente le profil du rateau, dont *a* eft la petite poulie.

L'ellipfe eft limée par-deffous en bifeau, comme on le voit dans la *fig.* 13. enforte que la petite épaiffeur de la poulie s'y loge, & que le rateau fe meut comme fur une rainure avec l'ellipfe, dont il ne peut pas s'écarter : or la roue annuelle emportant par fon mouvement l'ellipfe, celle-ci oblige le rateau, preffé par le reffort F de s'approcher ou de s'écarter, felon que fa courbure l'y oblige; enforte qu'il arrive que tandis que la roue annuelle marche conftamment du même côté, le rateau va & vient fur lui-même, & fait alternativement avancer & rétrograder le pignon, & par conféquent le petit cadran. Nous expliquerons ci-après comment on taille l'ellipfe, pour que la variation du petit cadran réponde parfaitement à celle du foleil, & que l'aiguille du tems vrai l'indique.

Sur la roue annuelle, *fig.* 11. font gravés les mois de l'année, & les quantiemes du mois, de cinq jours en cinq jours.

Les mois paroiffent à-travers l'ouverture faite à la batte, comme on le voit, *fig.* 4. ainfi qu'au grand cadran : la batte porte une petite pointe ou index, qui marque les mois qui paffent par cette ouverture, & les jours de cinq en cinq. Cette gravure & l'ouverture qui la laiffe voir, eft fur-tout utile pour tailler l'ellipfe; mais elle eft encore très-néceffaire pour remettre la montre à l'équation dans le cas où elle auroit refté quelque tems fans être remontée. Sans cette précaution il arriveroit que l'ellipfe refteroit en arriere, & marqueroit l'équation du jour où la montre auroit été arrêtée; & que pour la remettre au point qui doit correfpondre au jour actuel, on ne pourroit le faire qu'en tatonnant; c'eft donc autant pour cette raifon que pour faire marquer à la montre les mois de l'année, qu'eft faite cette ouverture du cadran; cependant elle a encore fon mérite, dans les montres de trente heures fur tout, où l'on fait marquer les jours du mois deffous la boîte.

Pour remettre la montre à l'équation lorfqu'on l'a laiffée arrêter, on fera tourner le petit rochet C, *fig.* 2. Ce rochet, fixé fur l'axe du pignon, fe meut à frottement, & peut tourner féparément de la roue; comme la roue fait un tour en dix jours, l'auteur a donné dix dents au rochet; enforte que chaque dent, dont on l'avance ou la rétrograde, répond à un jour. Ainfi je fuppofe qu'on voulût amener la roue annuelle au 3 Janvier, on la feroit d'abord tourner jufqu'à ce que le 31 Décembre fût fous l'index; & avançant enfuite le rochet de trois dents, on feroit affuré que la roue eft parvenue au 3 Janvier, & que l'ellipfe marqueroit exactement l'équation de ce jour.

La *fig.* 8. repréfente la roue C, le rochet & le pignon 4 vû en profil. *d* fait voir le rochet & fon pignon féparés de la roue *e* vûe en plan; cette roue s'ajufte contre le rochet après lequel elle eft retenue par la petite clavette *f* qui la preffe & forme un frottement, tel que cette roue ne peut tourner féparément du rochet que lorfqu'on fait tourner celui-ci à la main, il faut avoir attention de placer derriere la clavette une petite vis attachée à la roue afin de l'empêcher de fortir de fa place.

La *fig.* 15. *d* repréfente la piece qui fert à porter le rateau : cette piece s'attache par une vis avec la batte; elle porte une broche qui entre dans le canon du rateau.

La *figure* 15. *b* repréfente le reffort en F, *fig.* 3. qui, placé après la batte, par une vis, preffe le rateau, de maniere qu'il appuie continuellement contre l'ellipfe.

La *fig.* 17. repréfente le côté intérieur de la platine des piliers, fur laquelle eft tracé le calibre d'une répétition à équation, à fecondes de deux battemens, allant trente heures fans remonter. A eft le barillet. B la roue de fufée qui porte foixante dents; elle engrene dans le pignon de la grande roue moyenne C; ce pignon a dix dents. La roue C porte foixante-quatre dents; elle engrene dans le pignon de huit dents, qui porte la petite roue moyenne D de foixante dents, elle engrene dans le pignon de la roue de champ E, dont la tige prolongée porte l'aiguille des fecondes; ce pignon eft de huit, la roue E a quarante-huit dents; elle engrene dans le pignon de la roue d'échappement F qui a douze dents : & la roue quinze : cette roue fait donc faire trente vibrations au balancier à chaque révolution qu'elle fait, & comme elle fait quatre tours pour un de la roue E, elle fait 4 fois 30 vibrations ou 120 battemens, qui étant chacun de demi-feconde, la roue E refte une minute à faire fon tour. Le pignon de la roue D paffe à la cadrature, & conduit la roue G des minutes, *fig.* 12. *a*, *b*, *c*, *d*, *e*, font les roues de fonnerie du petit rouage. *a* porte 40 dents, *b* 32, *c* 32, *d* 28, & *e* 26 : celle-ci engrene dans le pignon de volant, qui eft de fix dents, ainfi que les autres pignons du petit rouage de fonnerie. Pendant qu'on remonte la montre, l'action du pignon fur la roue *b* oblige la cheville qu'elle porte, de faire avancer une dent de l'étoile C. Or comme on remonte la montre une fois par jour, & que cette roue *b* ne peut agir qu'une fois fur l'étoile; celle-ci qui a dix dents, fait un tour en dix jours; cette étoile eft fixée fur l'axe d'un pignon de quatre dents, lequel engrene dans la roue annuelle de 146 dents : celle-ci fait donc un tour en 365 jours; l'étoile C eft retenue par le fautoir *d*.

Il faut obferver par rapport à cette maniere de faire mouvoir l'étoile & la roue annuelle, qu'il faut que les dents de l'étoile ne foient pas dirigées au centre de la roue qui la mene, mais plus avant du côté où fe meut la cheville lorfqu'on remonte la montre; car cette roue étant menée par l'axe de la fufée, va & revient fur elle-même; enforte que fi la dent de l'étoile étoit dirigée au centre, la dent qui auroit avancé pendant que l'on remontoit la montre, rétrograderoit lorfque la montre marche & que la fufée revient en fens contraire; au-lieu qu'en dirigeant ces dents à-peu-près comme dans la *figure* 12. lorfque la fufée rétrograde, l'étoile rétrograde aussi un peu, mais pas assez pour parvenir à l'angle du sautoir.

Il faut avoir attention à ne pas rendre trop fort le frottement de la roue annuelle contre la batte, il faut au contraire qu'elle tourne librement, de crainte que l'effet du sautoir ne se fasse pas, c'est-à-dire qu'il ne ramene pas l'étoile à son repos. Alors il arriveroit nécessairement que la cheville passeroit sans faire tourner l'étoile, & que la roue annuelle resteroit en arriere : il faut d'ailleurs donner une certaine force au sautoir pour assurer cet effet.

On voit que le mouvement de la roue annuelle n'est point continu ; car elle n'avance de la trois cent soixante-cinquieme partie de la révolution qu'à chaque fois qu'on remonte la montre, ce qui est fait pour simplifier la conduite de la roue annuelle : il est d'ailleurs assez indifférent qu'elle marche par saut à chaque jour, ou qu'elle aille d'un mouvement continu, puisque l'équation d'un jour à l'autre ne differe que de trente secondes au plus ; mais pour contenter ceux qui pourroient souhaiter que la roue annuelle marchât d'un mouvement continu : voici le moyen dont il faut faire usage. On disposera la roue de fusée de la même maniere que celle à huit jours ; on ajustera à frottement sur le canon de cette roue un pignon de huit dents qu'on tiendra le plus petit possible ; on fera engrener ce pignon *a*, *fig.* 2 dans une roue *b* qui portera trente-deux dents. Or comme la fusée de la montre qui va trente heures fait un tour en six heures, cette roue *b* fera une révolution en vingt-quatre heures : on fixera cette roue *b* sur un pignon de quatre dents, lequel engrenera dans la roue C qui en aura quarante ; celle-ci restera donc dix jours à faire une révolution. Cette roue C portera un pignon de quatre dents, lequel engrenera dans la roue annuelle de cent quarante-six dents ; ce pignon devra s'ajuster à frottement & porter un rochet comme le fait celui de la montre à huit jours, afin de remettre l'équation au quantieme lorsqu'on aura laissé arrêter la montre. Le pignon de la roue *b* sera mobile entre la platine & le petit pont, *figure* 2.

Calibre ou plan d'une montre à équation allant un mois, fig. 4. *&* 5.

Dans les montres à équation qui vont un mois, il faut faire conduire la roue annuelle de la même maniere que pour celles à huit jours, à cela près que comme la roue de fusée reste cinq jours à faire son tour; on fait engrener la petite roue que son canon porte immédiatement dans la roue qui porte le rochet fixé sur le pignon de quatre, & on supprime par-là la roue de pignon, & le pont de la roue *b*. On joint ici le calibre de la montre à équation d'un mois.

La *fig.* représente l'intérieur de la platine des piliers d'une montre à un mois sans remonter, à équation, à répétition, à secondes d'un seul battement, sur lequel est tracé le calibre du rouage.

A est le barillet. B la roue de fusée qui a soixante & douze dents : elle engrene dans le pignon 10 qui porte la grande roue moyenne C; celle-ci porte soixante dents, qui engrenent dans le pignon de six dents, qui porte la petite roue moyenne D : cette roue a soixante dents, & engrene dans le pignon de six dents, qui porte la roue de champ E, celle-ci porte soixante dents, elle engrene dans un pignon de six dents qui est au centre; celui-ci porte la roue d'échappement F qui a trente dents. Or le balancier fait une vibration en une seconde; ainsi la roue F reste une minute à faire une révolution; c'est son axe prolongé qui porte l'aiguille des secondes; sur la tige de la roue de champ E est chassé à force un pignon de dix dents qui passe à la cadrature, il engrene dans la roue de minute G qui a 60 dents, dont l'ajustement est pareil à celui de la pendule & de la montre à seconde.

Si l'on calcule les révolutions de ce rouage, on trouve que pendant que la roue de fusée fait un tour, la roue d'échappement en fait 7200; & comme celle-ci fait un tour par minute, la roue de fusée reste 7200 minutes, qui font cinq jours, à faire une révolution : c'est le canon de cette roue qui passe à la cadrature (de la même maniere que celui de la répétition à huit jours), il porte à frottement la roue *a*, cette roue *a* porte vingt dents qui engrenent dans la roue *b*, qui en a quarante : celle-ci reste donc dix jours à faire une révolution; elle s'ajuste sur l'axe d'un pignon de quatre dents, de la même maniere que celle à huit jours; ce pignon engrene & conduit la roue annuelle de 146 dents. La cadrature de la répétition à un mois ne differe pas de celle à huit jours. *a*, *b*, *c*, *d*, *e*, sont les roues du petit rouage de sonnerie; elles ont les mêmes nombres que celles de la répétition de trente heures.

PLANCHE XI. *cotée* HH.

Fig. 57. Répétition de Julien le Roy.
58. Répétition à la Stacden.
59. Poussoir & plaque de répétition.
60. Répétition de Sulli.
61. Baste levée.
62. Répétition à baste levée.

PLANCHE XII. *cotée* II.

Fig. 63. Suspension par des ressorts.
64. Suspension de Graham.
65. Suspension de Renault.

Bas de la Planche contenant des outils.

Fig. 1. Bigorne.
2. 3. 4. } Différentes sortes de tas.
5. Grattoir.
6. 7. } Resingles pour redresser les boîtes de montre.
8. Scie.
9. Charnons.
10. Lunette de boîte de montre.
11. Cuvette de boîte de montre.
12. Boîte de montre.

PLANCHE XIII. *cotée* KK.

Fig. 13. Tour d'horloger.
14. Une des poupées séparée du tour & garnie d'une lunette.
15. La fourchette du support séparée.
16. Le coulant qui reçoit la fourchette.
17. Petit tour pour rouler les pivots.
18. Arbre à cire.
19. Fraize.
20. Arbre à vis.
21. Ecrou de l'arbre à vis.
22. Echopes.
23. Arbre avec un coulant & trois cuivrots de différens diametres.
24. Cuivrots.
25. Cuivrots ordinaires.
26. Arbre lisse.

PLANCHE XIV. *cotée* LL.

Fig. 27. Lime à dossier.
27. n°. 2. Brunissoir.
28. 29. 30. } Différentes limes à timbre.
31. Lime à lardon.
32. Lime à couteau.
33. Lime à feuille de sauge.
34. Lime à charniere.
35. Lime à arrondir.
36. Lime à esflanquer.
37. Lime à pivots.
38. Equarrissoir.
39. Alézoir.
40. Fraize.
41. Autre sorte de fraize.
42. Outil servant pour river.

43.

43. Poinçon pour river.
44. Autre lime à timbre.
45. Petit équarriſſoir.
46. Autre petit équarriſſoir.
47. Foret à noyon.
48. Foret.
49. Fraiſe.
50. Autre ſorte de fraiſe.
51. Autre ſorte de foret.

PLANCHE XV. cotée MM.

Fig. 52. Compas à quart de cercle; une des pointes eſt
à champignon.
53. Compas élaſtique ou à reſſort.
54. Outil pour polir les faces des pignons.
55. Huit de chiffre.
56. Compas au'tiers.
57. Calibre à pignons.
58. Maître-à-danſer.
59. Compas à verge.
60. Levier pour égaler la fuſée au reſſort.

PLANCHE XVI. cotée NN.

Fig. 61. Clé pour remonter les montres.
62. Outil pour polir le bout des vis.
63. Echantillon.
64. Arbre excentrique avec ſon cuivrot.
65. Arbre excentrique ſéparé de ſon cuivrot.
66. Bruxelles à deux pinces.
67. Bruxelles d'une autre eſpece.
68. Porte-aiguille pour goupille.
69. Arbre pour mettre les reſſorts dans les barillets.
70. Eſtampe quarrée.
71. Pointeau.
72. Outil pour porter l'huile ou porte-huile.
73. Crochet pour mettre les pivots dans leurs trous,
lorſque l'on remonte une piece.
74. Profil de l'outil pour les engrenages.
75. L'outil à engrenages vû en perſpective.
76. Preſſe pour river.
77. Outil pour mettre de niveau les pivots de la roue
de rencontre.
78. Outil pour retrouver la place d'un trou que l'on
rebouche.
79. Plan de la main.
80. La main en perſpective.

PLANCHE XVII. cotée OO.

Fig. 82. Tenailles à vis.
83. Tenailles ou pincettes tranchantes.
84. Tenailles à boucles.
85. Autres tenailles à boucles.
86. Pincettes tranchantes ou à onglet.
87. Petit étau à main.
88. Pincettes.
89. Sorte de petit étau.
90. Pincettes rondes.
91. Pincettes à pointes rondes.
92. Filiere.

PLANCHE XVIII. cotée PP.

Fig. 93. Elévation de l'outil pour placer les reſſorts de
pendules dans leurs barillets, vûe du côté de la
manivelle & de l'encliquetage: la partie inférieure
ſe place entre les mâchoires de l'étau.
94. Le même outil vû du côté oppoſé, c'eſt-à-dire du
côté du tourillon ſur lequel s'enroule le reſſort.
95. Profil du même outil vû du côté qui eſt tourné
vers l'ouvrier qui en fait uſage.
96. Repréſentation perſpective de l'outil ſervant pour
placer les reſſorts de montres dans leurs barillets:
Il y a de même un encliquetage du côté de la manivelle, & de l'autre bout une boîte qui reçoit le
quarré de l'arbre du barillet, & ſur cet arbre un
reſſort ployé prêt à être mis dans un barillet.

Bas de la Planche.

Machine de l'invention de M. Gouffier pour mettre
les roues de montres droites en cage, c'eſt-à-dire pour
faire que leurs arbres ou axes ſoient perpendiculaires
aux platines.

Fig. A. La machine vûe en perſpective, & garnie de la
main qui tient la montre.

B. Profil de la même machine: la partie inférieure qui
eſt épaulée dans tout ſon pourtour, eſt reçue entre
les mâchoires de l'étau, lorſque l'on ſe ſert de cette
machine.

a a. Le porte-poinçon de forme trapezoïdale vû par
le devant ou côté de la petite baſe du trapeze: on
voit à la partie inférieure la vis qui aſſujettit le
poinçon qui eſt repréſenté à côté; cette piece doit
être parfaitement dreſſée ſur toutes ſes faces, &
couler à frottement dans les mortaiſes en trapeze
qu'elle traverſe; ſa direction doit être perpendiculaire au plan de la baſe ſur lequel la main eſt
poſée.

b b. La même piece ou porte-poinçon vû du côté de
la large face à laquelle s'applique le reſſort de com-
preſſion qui fait appliquer les faces obliques du
trapeze ſur celles des mortaiſes.

c c. Le reſſort vû en perſpective; ſes deux extrémités
terminées en fourchettes, embraſſent les bras dans
leſquels les mortaiſes ſont pratiquées; l'ouverture
du reſſort reçoit le porte-poinçon.

CD. Plan de la baſe de la machine vûe par-deſſus. L'ouverture C communique avec cinq autres ouvertures pour pouvoir excentrer à volonté la main
qui porte la montre & amener tel point que l'on
voudra de la ſurface des platines directement au-
deſſous du poinçon. D eſt la ſection du montant
qui porte les bras.

E. Ecrou à oreilles ſervant à aſſujettir la main ſur la
baſe comme on voit au profil, *fig.* B.

F. Platine de deſſous de la main; ſon ouverture reçoit
la vis qui eſt placée au-deſſus: cette vis après avoir
traverſé cette platine eſt reçue par l'écrou E; cette
piece doit être un peu emboutie en creux afin de
ne porter que par les bords: il en eſt de même de
la face inférieure de la platine qui porte la main.

G. La vis qui traverſe la main placée au-deſſus, & la
platine F qui eſt au-deſſous la partie non taraudée
de cette vis, occupe l'épaiſſeur de la baſe C, dans
les ouvertures de laquelle elle peut ſe promener &
être fixée où l'on veut, pour excentrer la main &
la montre qu'elle porte.

H. La main en perſpective & non garnie d'une cage
de montre, comme dans la *fig.* A. La vis G traverſe en-deſſus la platine ſur laquelle la main eſt
montée & ſoutenue parallelement par trois piliers.
Entre ces piliers ſont les trois écrous à gaudrons,
au moyen deſquels on ſerre les griffes qui ſaiſiſſent
la platine de la montre; les entailles des griffes
doivent être dans un plan parallele à la baſe de la
machine, afin que le porte-poinçon ſoit perpendiculaire aux platines des cages de montre que
ces griffes reçoivent.

Uſage de cette machine.

Suppoſons qu'un trou de pivot dans la petite platine
d'une montre, *figure* A, ait été rebouché & qu'il ſoit
queſtion de retrouver le point où il convient de percer
un nouveau trou pour le pivot, de maniere que la tige
de la roue qui y ſera placée, & dans le trou de l'autre
platine dont on cherche le correſpondant, ſont perpendiculaires aux mêmes platines. On commencera par placer la grande platine dans les griffes de la main où elle
ſera affermie par les vis qui ſervent à ſerrer les griffes;
enſuite ayant deſſerré la vis E au-deſſous de la baſe, on
promenera la main ſur cette baſe & on la fera tourner
ſur elle-même juſqu'à ce que le point dont on cherche
le correſpondant ſoit amené au-deſſous du poinçon que
l'on y fera entrer légerement. On fixera la main dans

cette pofition en ferrant l'écrou qui eft au-deffous : en cet état, & ayant relevé le porte-poinçon on replacera la petite platine de la cage de la montre, fur laquelle on fera defcendre le poinçon, fon extrémité marquera fur cette platine le point où il convient de percer un nouveau trou de pivot, correfpondant à celui de l'autre platine. La roue replacée dans la cage fera parallele & fa tige perpendiculaire aux platines.

Si le trou dont on cherche le correfpondant étoit dans la petite platine, on commenceroit par préfenter la cage toute montée au poinçon, auquel on feroit convenir ce trou; ayant enfuite fixé la main dans cette pofition, & relevé le poinçon, on ôtera la petite platine; la grande fe trouvant alors à découvert, on abaiffera fur elle le poinçon, fon extrémité qui s'y imprimera indiquera le point cherché : ou bien on retournera la cage, enforte que fa petite platine foit tenue par les griffes de la main, & on procédera comme il a été dit ci-devant.

PLANCHE XVIII. 1. *fuite*, *cotée* QQ, ou *figure* 97.

Machine pour tailler les fufées, à droite & à gauche avec la même vis, par le fieur Regnault de Chaalons.

Le deffein & la defcription de cette machine ont été tirés du livre de M. Thiout.

Les pieces & & x marquent le chaffis qui porte les pieces depuis ʒ jufqu'en V. ʒ V eft un arbre que l'on peut tarauder à droite ou à gauche, cela ne fait rien quoique celui-ci le foit à gauche & dans le fens que font taillées les fufées à l'ordinaire. Cet arbre eft fixé fur la piece x par fes deux tenons gg qui font la même piece que x en le faifant entrer par g; on paffe enfuite une piece en forme de canon, taraudée en-dedans y fur le même pas que la vis. On place fur la même vis une autre piece taraudée X, qui fert à déterminer le nombre de tours que l'on veut mettre fur la fufée. On paffe l'arbre dans le tenon g, & après avoir placé la manivelle T deffus en m, dont le bout eft quarré, on le fixe par le moyen de l'écrou n : à la piece y eft jointe celle f ou petit bras par la cheville Z qui fait charniere avec elle; & comme cette piece f eft fixée au chaffis par une autre cheville au point K, ce point lui fert de centre lorfque l'on tourne l'arbre. Par le moyen de la manivelle la vis fait avancer ou vers g ou vers X : la piece y ne peut tourner avec la vis & fe promene feulement deffus. Ce mouvement d'aller & de venir eft répété fur le grand arbre e par le moyen de la traverfe a a que l'on fixe fur l'un & l'autre bras par les chevilles b que l'on met dans les trous dont on a befoin à proportion des hauteurs de fufée. Ce grand bras e a vers fon milieu un emboîtement L, percé quarrément, dans lequel paffe la piece L, dont une partie de la longueur eft limée quarré; elle remplit l'emboîtement L; l'autre partie eft taraudée & paffée dans un écrou N; elle fert à faire avancer ou reculer la piece L qui, à l'autre extrémité, porte une tête fendue, dans laquelle on fixe à charniere la piece H par la cheville I, laquelle piece H porte à l'autre bout l'échoppe G, qui paffe autravers de la tête de cette piece où elle eft fixée par la vis 7 : l'arbre y V porte une alonge ou affiette C, percée en canon, laquelle entre dans l'arbre, & y eft fixée par une cheville à l'endroit ʒ; c'eft deffus cette affiette que l'on fait porter la bafe de la fufée A, dont la tige entre dans le canon B du taffeau ou affiette : cette fufée eft fixée à cet endroit par l'autre vis D, pour y être taillée.

Tout étant ainfi difpofé, il faut confidérer deux mouvemens différens au grand bras e; par exemple, fi on le fixe au chaffis par une de fes extrémités & par la cheville R, & que l'on tourne la manivelle T tellement que la piece y avance vers g, & qu'alors on baiffe la barre H qui porte l'échoppe G jufqu'à ce qu'elle touche la fuperficie de la fufée A, cette fufée fe taillera dans le fens que la vis de l'arbre ʒ V eft taraudée, qui eft à gauche. Si au contraire on ôte la cheville R qui fervoit à fixer le grand bras e, & que l'on donne à ce grand bras pour centre de mouvement le point P en y pla-

çant la vis p, dont l'affiette O arrête le grand bras, alors fi vous tournez la manivelle dans le même fens que vous avez fait ci-devant, le haut du bras e ira vers W, au-lieu qu'auparavant il alloit vers d; la piece H par conféquent ira auffi dans un fens contraire à celui qu'elle alloit auparavant. Ainfi on ne taillera la fufée que lorfque l'on tournera la manivelle de l'autre côté. Il faut obferver de retourner le bec de l'échoppe G de l'autre côté quand on veut tailler à droite. La portion de cercle QQ eft pour contenir le grand bras par le bout, & paffe dans un empattement fait à la piece S qui tient au chaffis. On voit que le bout fupérieur du bras e eft fendu en fourche, dans laquelle paffe la barre d pour fervir de guide, lorfque l'on a ôté la vis p & remis la cheville R pour tailler à gauche.

Il faut auffi que la piece F foit fendue afin de fervir d'appui à la piece H lorfqu'on le fait defcendre, pour que l'échoppe touche à la fufée.

PLANCHE XVIII. 2. *fuite*, *cotée* R R.

Cette Planche repréfente la machine à tailler les fufées, inventée par le fieur le Lievre, & décrite au *mot* FUSÉE, *tom. VII. pag.* 393.
Fig. 97. no. 2. Plan général de la machine.
97. no. 3. Elévation de la machine vûe du côté du quarré où on met la manivelle.
97. no. 4. Profil de la machine vûe du côté oppofé.

PLANCHE XIX. *cotée* SS.

Fig. 94. no. 2.
95. no. 2.
96. no. 2.
97. no. 2.
98.
99.
100.
101.
102.
103.
104.
} Démonftrations relatives à la forme des dentures des roues & des pignons, expliquée à *l'article* DENT, *tom. IV. p.* 840, 841, & *fuivantes.*

105.
106.
107.
108.
} *Figures* de différentes fortes de conduites expliquées à *l'article* CONDUITE, *tom. III. pag.* 844.

Explication des quatre Planches qui repréfentent la machine à fendre de M. Sulli, décrite au *mot* FENDRE (*machine à*), *tom. VI. pag.* 486. & *fuivantes.*

PLANCHE XX. *cotée* TT.

Vûe perfpective de la machine.

PLANCHE XXI. *cotée* VV.

Plan général de la machine.

PLANCHE XXII. *cotée* XX.

Profil général de la machine.

PLANCHE XXIII. *cotée* YY.

Profil de la largeur de la machine & divers développemens.

PLANCHE XXIV. *cotée* ZZ.

Repréfentation perfpective de la machine à fendre les roues de pendules & de montres, compofée par M. Hulot, tourneur & méchanicien du roi, & décrite au *mot* FENDRE (*machine à*), *tom. VI. pag.* 483.

PLANCHE XXV. *cotée* AAA.

Profil de la machine à fendre.

PLANCHE XXVI. *cotée BBB.*

Autre vûe perspective de la même machine à fendre, & développemens de plusieurs de ses parties.

PLANCHE XXVII. *cotée CCC.*

Carillon à quinze timbres vû en perspective avec le rouage qui le fait mouvoir.

PLANCHE XXVIII. *cotée DDD.*

Fig. 1. Plan du rouage qui fait tourner le cylindre du carillon, sur lequel il y a douze airs notés.
  2. La fausse plaque derriere laquelle est le cadran de la pendule; on y voit les détentes qui communiquent au carillon.
  3. Vûe du carillon du côté opposé au rouage qui le fait mouvoir.
    Ce carillon a été exécuté par le sieur Stolverk.

PLANCHE XXIX. *cotée EEE.*

Description du pyrometre composé pour faire les expériences de la dilatabilité des métaux.

Cette Planche & son explication ont été tirées du livre de M. Ferdinand Berthoud.
La *fig.* 1. représente le pyrometre renfermé dans son étuve. La *fig.* 2. le pyrometre séparé de son étuve. F, G, H, I, est une piece de marbre qui a cinq piés de haut, douze pouces de large, & cinq pouces d'épaisseur: cette piece est percée au haut d'un trou, au-travers lequel passe le pilier A, dont la base a trois pouces de diametre, & le corps deux pouces & demi; ce pilier est fixé avec le marbre au moyen d'un fort écrou: le corps du pilier est fendu comme un coq de pendule à secondes; il porte deux vis qui tendent & passent au centre du pilier: ces vis servent à fixer le corps que l'on veut observer; & si c'est un pendule, elles portent la suspension comme feroit un coq de pendule. On a formé au bout de ces vis des especes de pivots trempés & tournés avec soin; ils passent d'abord dans le corps à observer & entrent juste dans la partie opposée du pilier, laquelle n'est point taraudée; ce pilier sert ainsi à fixer les pendules d'une maniere solide & invariable.
Après avoir suspendu un pendule à secondes au pilier A, on perce au-dessous de la lentille D un second trou dans le marbre; au-travers ce trou passe comme dans le premier, un pilier de trois pouces de base; il est fixé à la piece de marbre de la même maniere que le pilier A; la base de ce second pilier s'éleve à trois pouces & demi du marbre, & sert à porter, au moyen de deux vis *a* & *b*, représentés en grand, *fig.* 5. le limbe de l'instrument représenté en grand, *fig.* 3.
Au centre du limbe, *fig.* 3. se meut un pignon *c* de seize dents; il doit être exécuté avec beaucoup de précision, & fendu sur la machine à fendre; il se meut entre le pont *g* & le limbe A C; sa tige porte une aiguille *m n* mise d'équilibre par le contre-poids *n*. Au haut du limbe se meut aussi, entre le limbe & le pont *f*, un rateau *b a* de quatre pouces de rayon; il porte douze dents; ce rateau engrene dans le pignon *c* de seize dents; ce rateau est fendu sur le nombre 396: ainsi pour faire faire un tour à l'aiguille, il fait une vingt-quatrieme trois quarts partie de sa révolution, ce qui répond à un angle de quatorze degrés cinquante minutes soixante & dix quatre-vingt-dix-septiemes. On trouve par ce moyen le point du rateau où la verge doit appuyer, pour qu'une demi-ligne d'allongement fasse faire un demi-tour à l'aiguille & parcourir cent quatre-vingt degrés: ce point doit être distant du centre *a* de trois lignes sept huitiemes. Ayant donc pris trois lignes sept huitiemes du centre du rateau avec beaucoup d'exactitude, & percé un petit trou dans lequel on a fixé une piece d'acier trempée à laquelle on a donné une courbure telle, que lorsque la verge du pendule s'allonge ou se raccourcit, ce levier *m*

ne change pas de longueur. La piece *q a* sur laquelle est fixée la petite portion d'acier, se meut sur le centre du rateau par une vis de rappel *e*, ensorte que l'on peut par ce moyen faire changer le rateau & amener l'aiguille au degré correspondant du thermometre, sans changer la position du levier qui doit toûjours être à-peu-près perpendiculaire au pendule.
Les différentes divisions faites sur la piece *q a*, servent à produire des variations plus ou moins grandes; il y en a une à sept lignes trois quarts du centre; double en longueur de celle où a été fixée la petite piece d'acier; elle sert dans les cas où l'allongement des corps étant considérable, ils feroient parcourir à l'aiguille plus de 180 degrés du limbe. Pour fixer & déterminer la position du pendule sur un de ces points de division, on a fait une piece de cuivre *l h*, que l'on fixe au limbe par le moyen d'une forte vis *i*: la piece *l i h* se meut en coulisse, ensorte qu'on peut faire approcher son extrémité *h* fort près du centre du levier où sont les divisions: là cette piece est percée d'un trou dans lequel on fait passer une tige d'acier fixée au centre de la lentille du pendule que l'on veut observer.
On a aussi disposé une forte piece de cuivre D, *fig.* 4. qui a quatre pouces de diametre, & un pouce & demi de hauteur; elle sert à porter le limbe, lorsque l'on veut mesurer des corps de différentes longueurs: ce cylindre est ajusté avec une forte piece de fer coudée E F, qui sert à la fixer sur le marbre, au moyen d'une vis de pression G, telle que celle qui attache un étau après un établi: à-travers de la piece de cuivre il y a une entaille dans laquelle se loge une partie de la piece de fer opposée à la vis; c'est ce qui fait la pression de la base du cylindre de cuivre sur le marbre: on voit cette piece attachée au marbre en E, *fig.* 2.
La *figure* 2. représente la machine toute montée avec son pendule, dont le crochet porté par la lentille vient passer sur le rateau, ensorte que si la verge s'allonge ou se raccourcit, le rateau suivra le même mouvement, ce qui fera tourner le pignon & l'index ou aiguille qu'il porte; lorsque le pendule se raccourcit, ce rateau suit son mouvement, étant ramené par le petit poids P, *fig.* 3. lequel tient à un fil qui s'enveloppe sur la poulie *d*, portée par l'axe du pignon.
Pour produire les changemens de température, on a placé au-bas de l'étuve un poële E F *a c*, *figure* 1. lequel communique à l'étuve par un tuyau à soupape; ce tuyau est dirigé contre une plaque de tôle recourbée, de maniere à diviser la chaleur du poële & la répandre également dans l'étuve, sans frapper un endroit plus que l'autre, ou le moins inégalement, afin d'imiter autant qu'il est possible, l'effet de l'air sur les corps: cette boîte est percée dans sa longueur, d'une fenêtre qui permet de voir dans l'intérieur de l'étuve, & de remarquer quelle est la température qui y regne, ce qui est indiqué par un thermometre: cette couverture est fermée par une glace, & permet en même tems de voir les variations de l'aiguille du thermometre.
La *figure* 5. représente les deux vis qui servent à fixer le limbe sur la base du pilier ou cylindre, *fig.* 4.
Il résulte des observations faites par l'auteur, que les différens métaux s'allongent dans le rapport des nombres contenus dans la table suivante.

Noms des métaux & autres corps mis en expérience.	Nombres qui expriment le rapport de leur allongement.
Acier recuit, ...	69.
Fer recuit, ...	75.
Acier trempé, ...	77.
Fer battu, ...	78.
Or recuit, ...	82.
Or tiré à la filiere, . . .	94.
Cuivre rouge, ...	107.
Argent, ...	119.
Cuivre jaune, ...	121.
Etain, ...	160.
Plomb, ...	193.
Le verre, ...	62.
Le mercure, ...	1235.

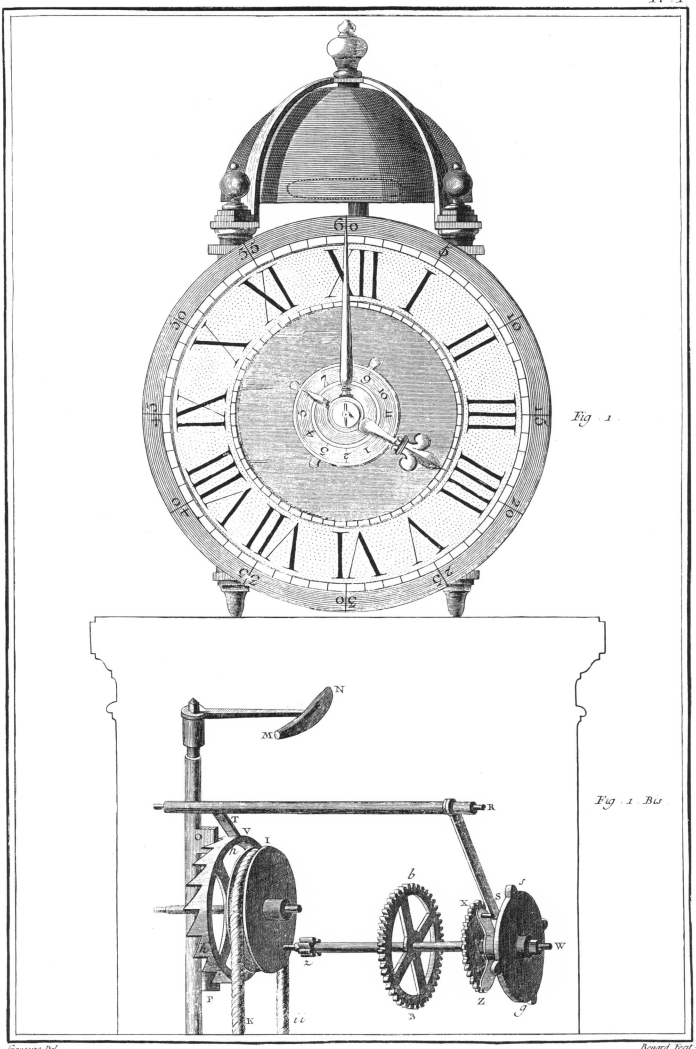

Pl. I.

Fig. 1

Fig. 1. Bis

Horlogerie Reveil `a Poids

A

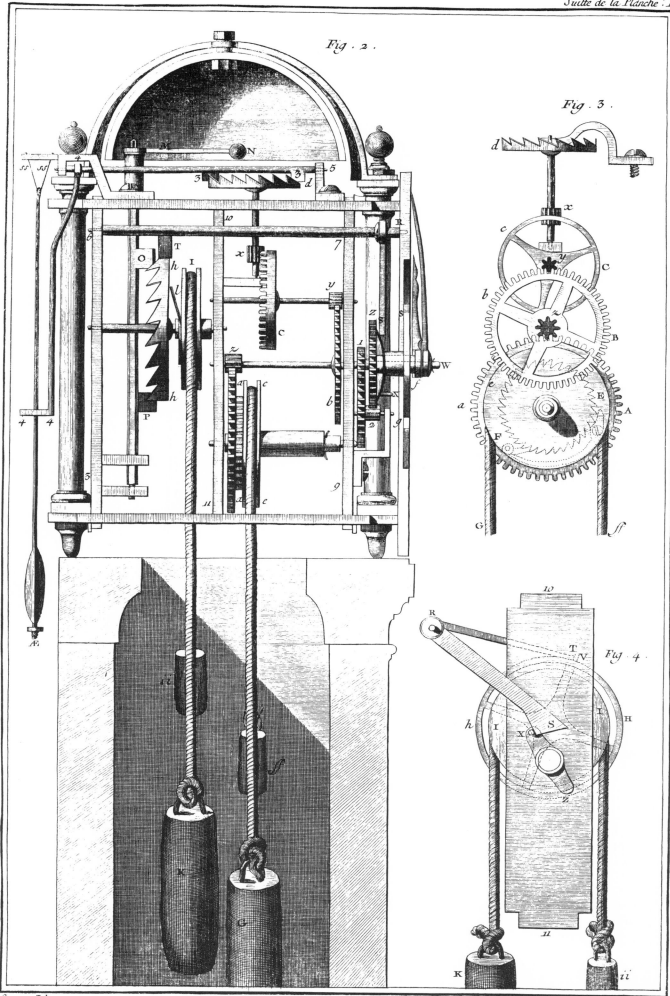

Fig. 2.

Fig. 3.

Fig. 4.

Gaussier Del.

Benard Fecit.

Horlogerie Reveil à Poids.

B.

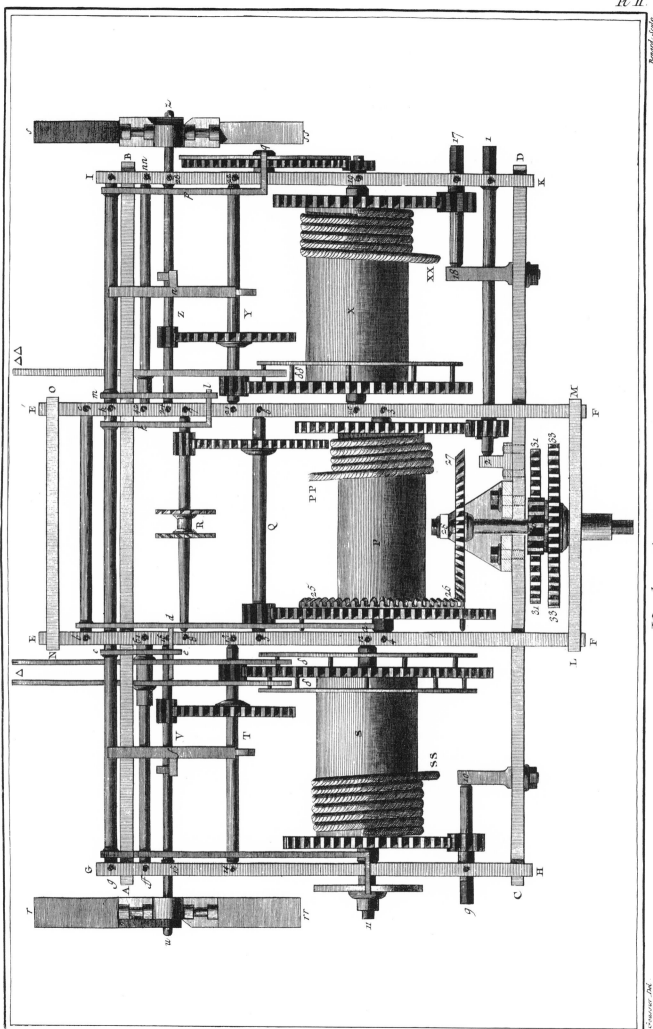

Pl. II.

Benard Scup.

Tournier Del.

Horlogerie, Plan de l'Horloge Horizontalle.

C.

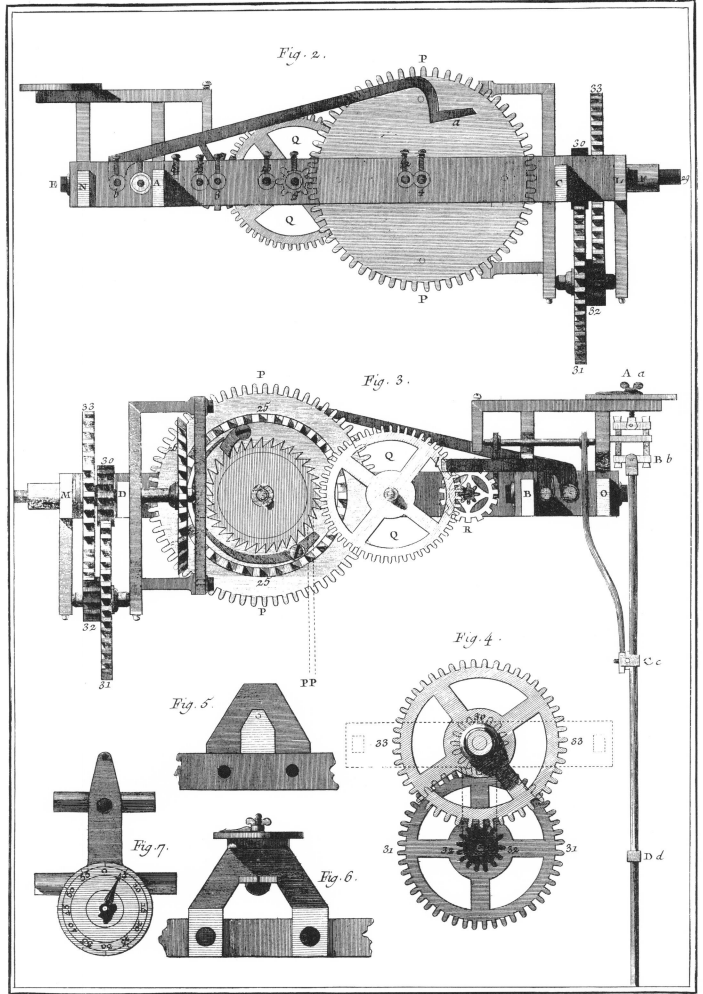

Fig. 2.

Fig. 3.

Fig. 4.

Fig. 5.

Fig. 7.

Fig. 6.

Goussier Del.

Benard Sculp.

Horlogerie, Profils du Mouvement de l'Horloge Horizontalle

D

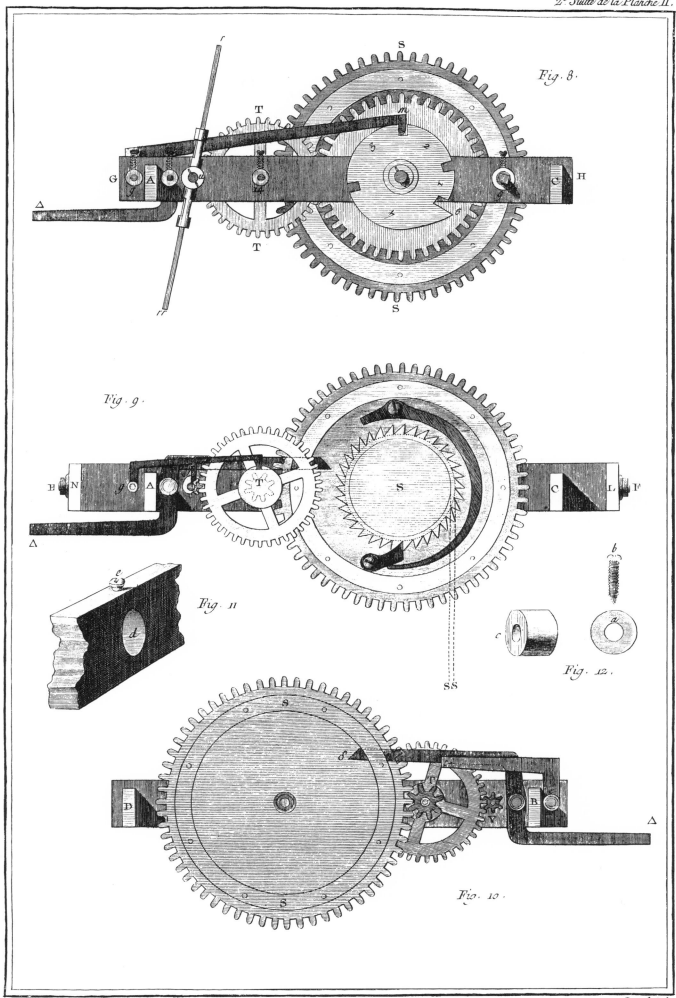

Fig. 8.

Fig. 9.

Fig. 11

Fig. 12.

Fig. 10.

Gousser Del.

Benard Sculp

E

Horlogerie, Horloge Horizontalle, Sonnerie des Quarts.

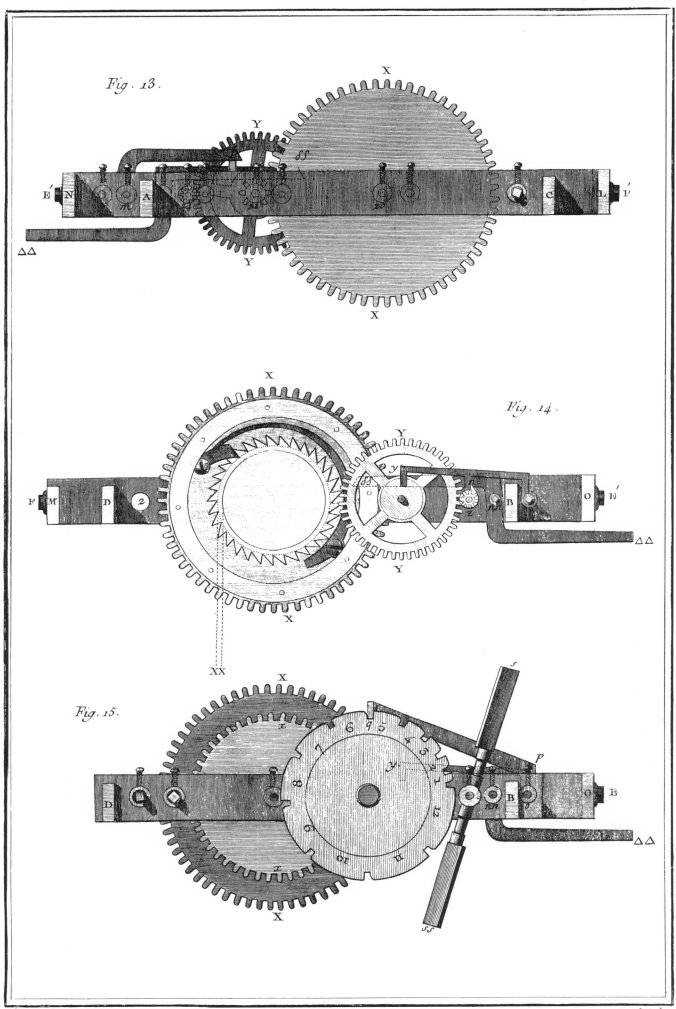

Fig. 13.

Fig. 14.

Fig. 15.

Horlogerie, *Sonnerie des Heures de l'Horloge Horizontalle.*

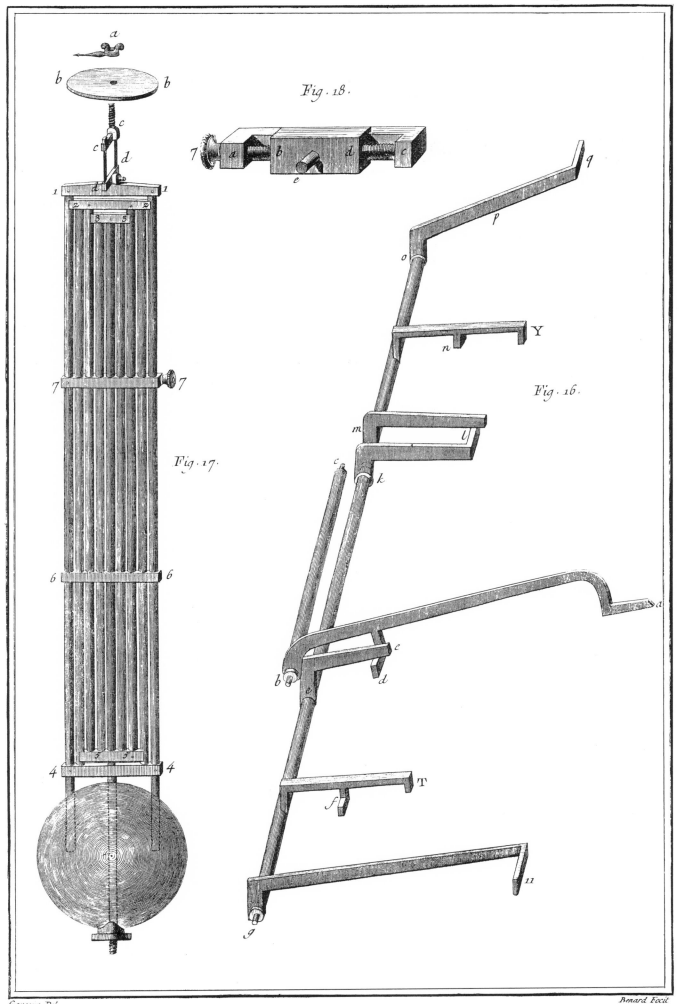

Fig. 18.

Fig. 16.

Fig. 17.

Goussier Del.

Benard Fecit

Horlogerie, Développemens du Pendule et des Détentes
de l'Horloge Horizontalle

G.

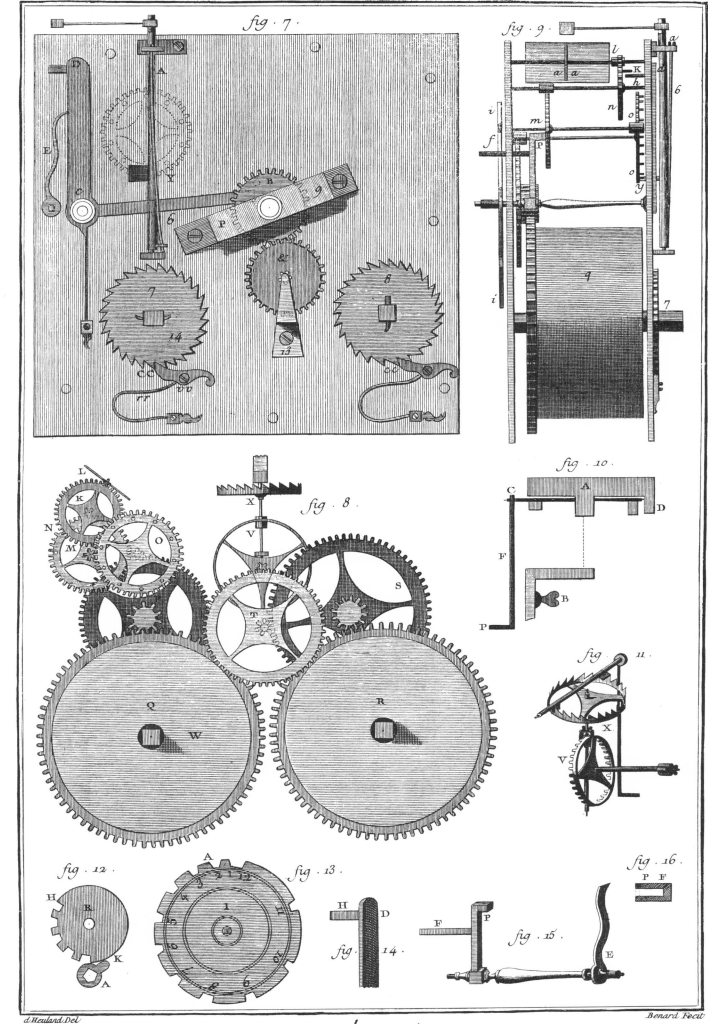

Pl. III.

fig. 7.

fig. 9.

fig. 8.

fig. 10.

fig. 11.

fig. 12.

fig. 13.

fig. 16.

fig. 14.

fig. 15.

d. Heuland Del.

Benard Fecit.

Horlogerie,
Pendule à Ressort.

H

Pl. IV.

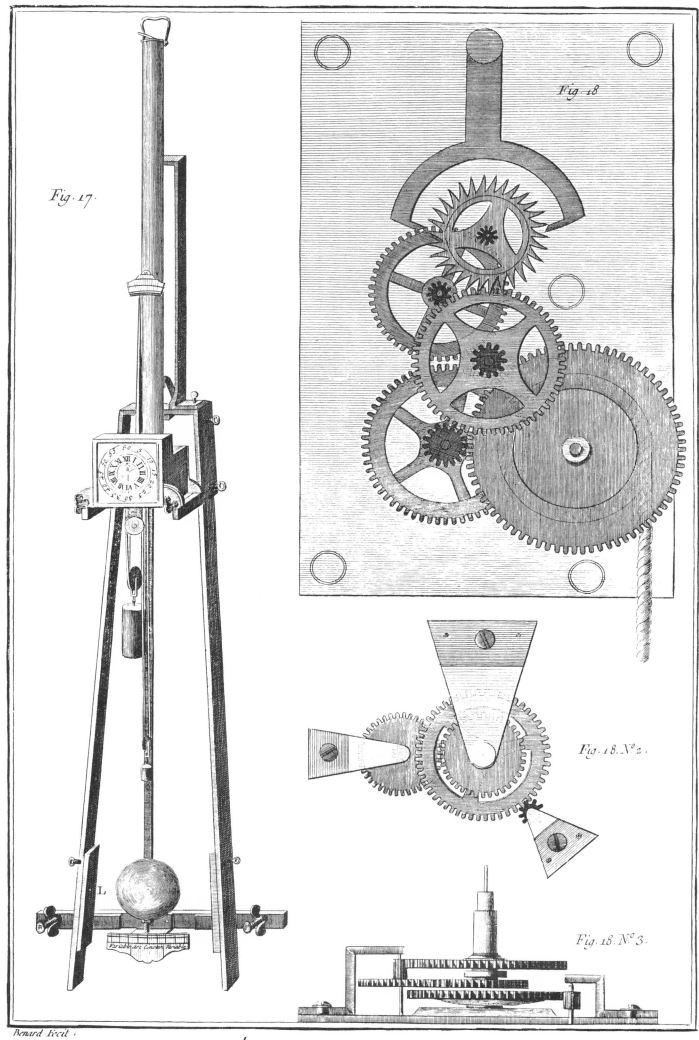

Fig. 17.

Fig. 18.

Fig. 18. N.º 2.

Fig. 18. N.º 3.

Benard Fecit.

Horlogerie, Pendule`a Secondes.

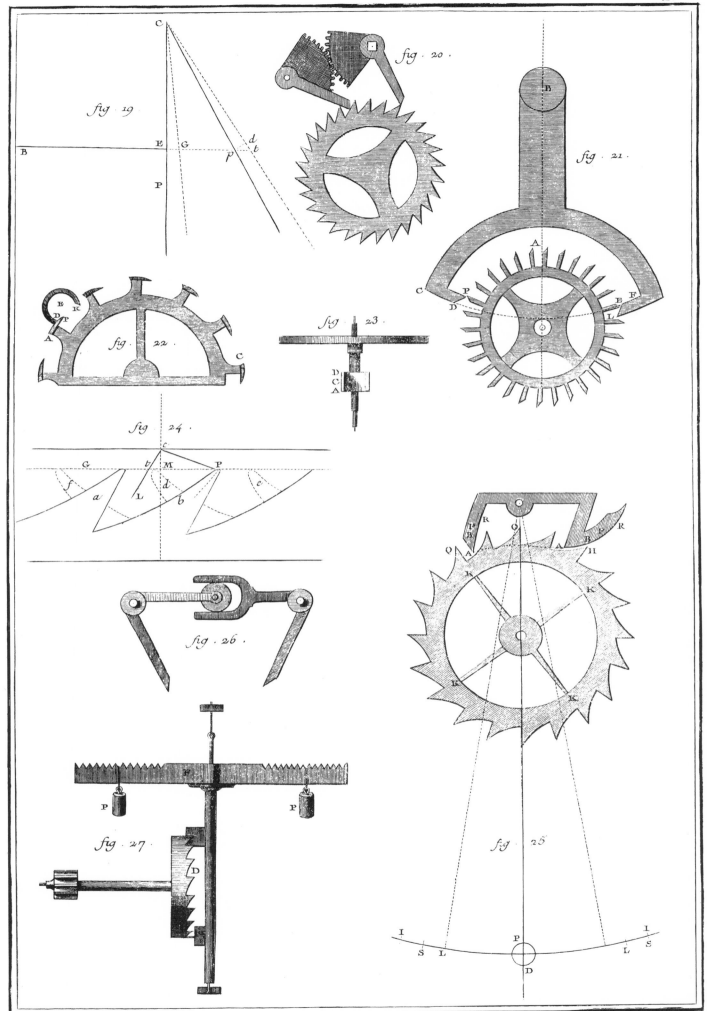

Pl. V.

fig. 19
fig. 20
fig. 21
fig. 22
fig. 23
fig. 24
fig. 26
fig. 27
fig. 25

Goussier Del.

Benard Fecit.

Horlogerie,
Différens Echappemens.

K

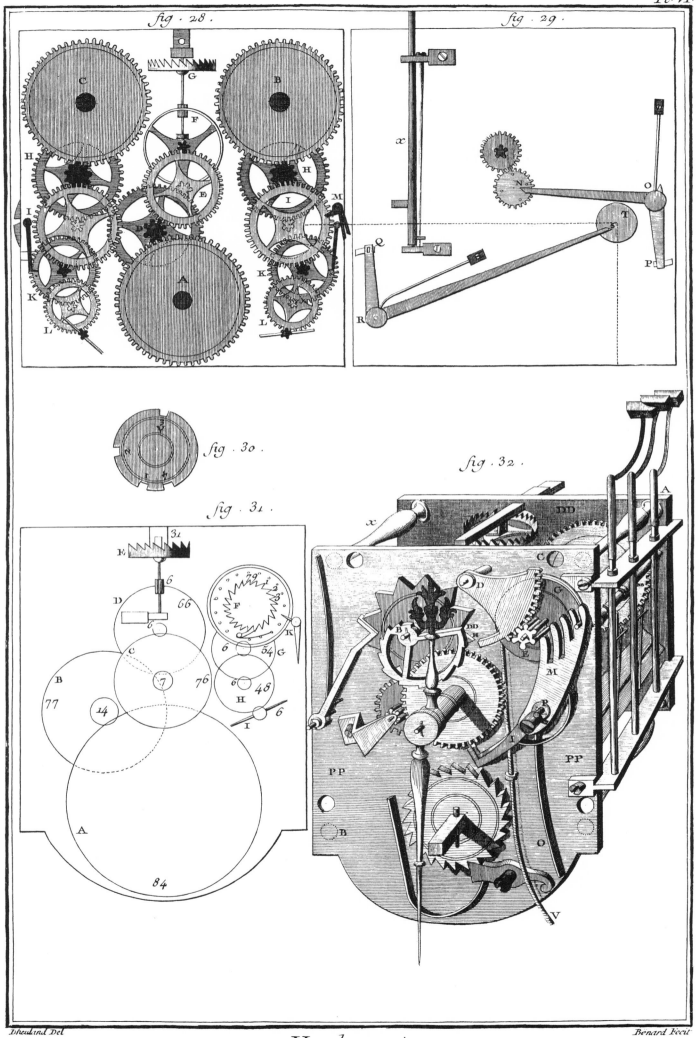

Pl. VI.

fig. 28.

fig. 29.

fig. 30.

fig. 31.

fig. 32.

Dheuland Del.

Benard Fecit.

Horlogerie,
Pendule à Quarts et Répétition ordinaire.

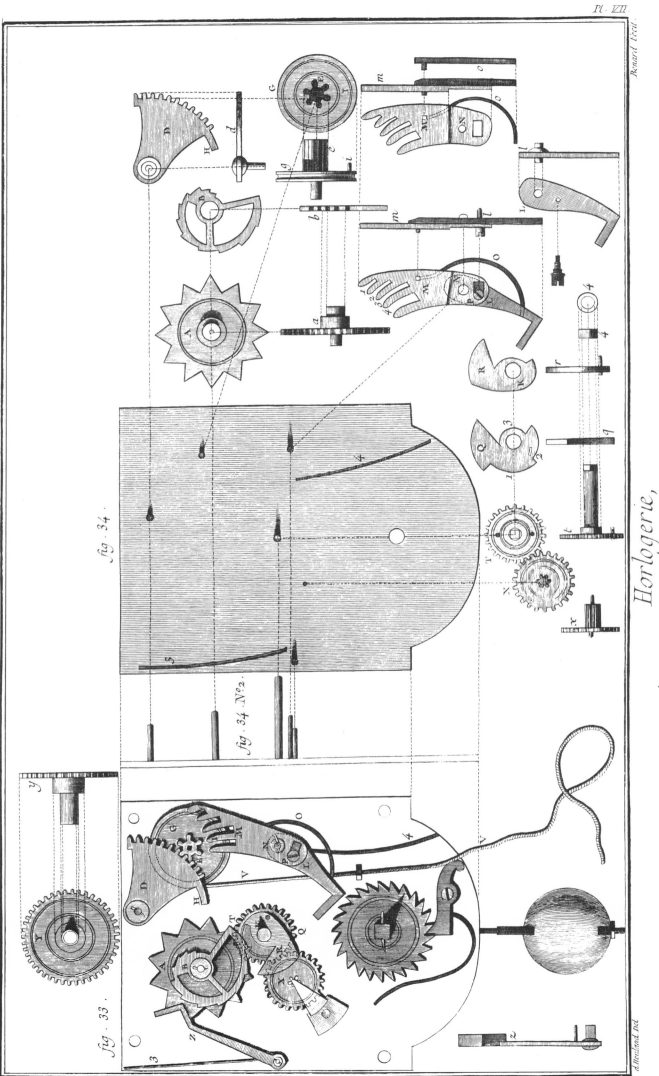

Pl. VII.

Horlogerie,
Dévelopement de la Répetition ordinaire

fig. 33.

fig. 34.

fig. 34. N°2.

d. Neulland. del.

Benard Fecit.

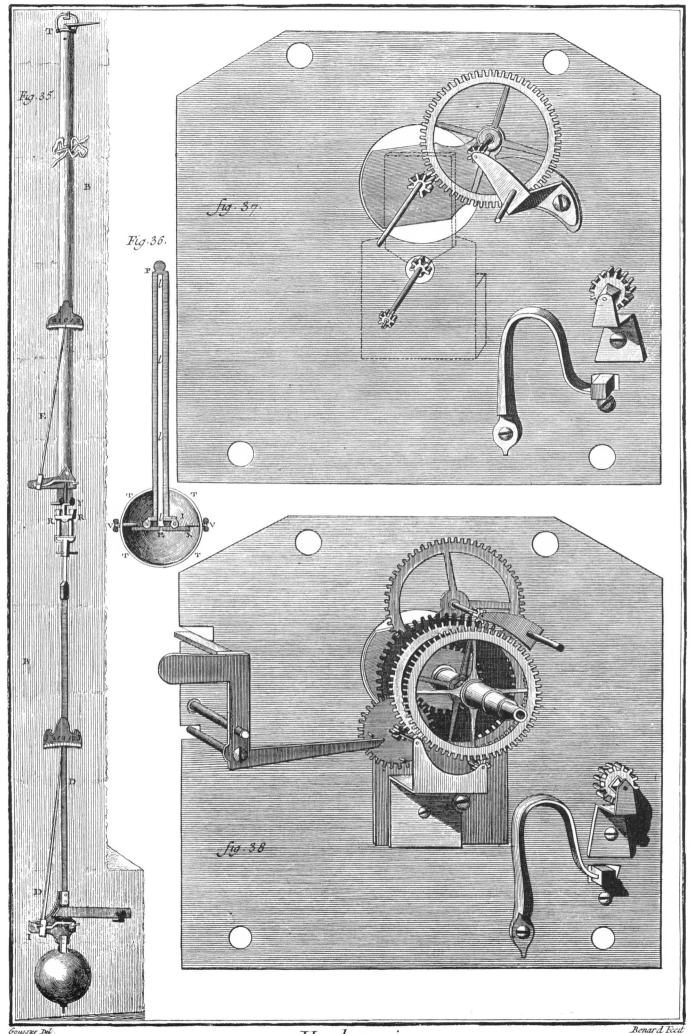

Pl. VIII.

Fig. 35.

Fig. 36.

fig. 37.

fig. 38.

Gousser Del.

Benard Fecit.

Horlogerie,

N.

Thermomêtre et Cadrature d'une Pendule d'Equation de Julien le Roy.

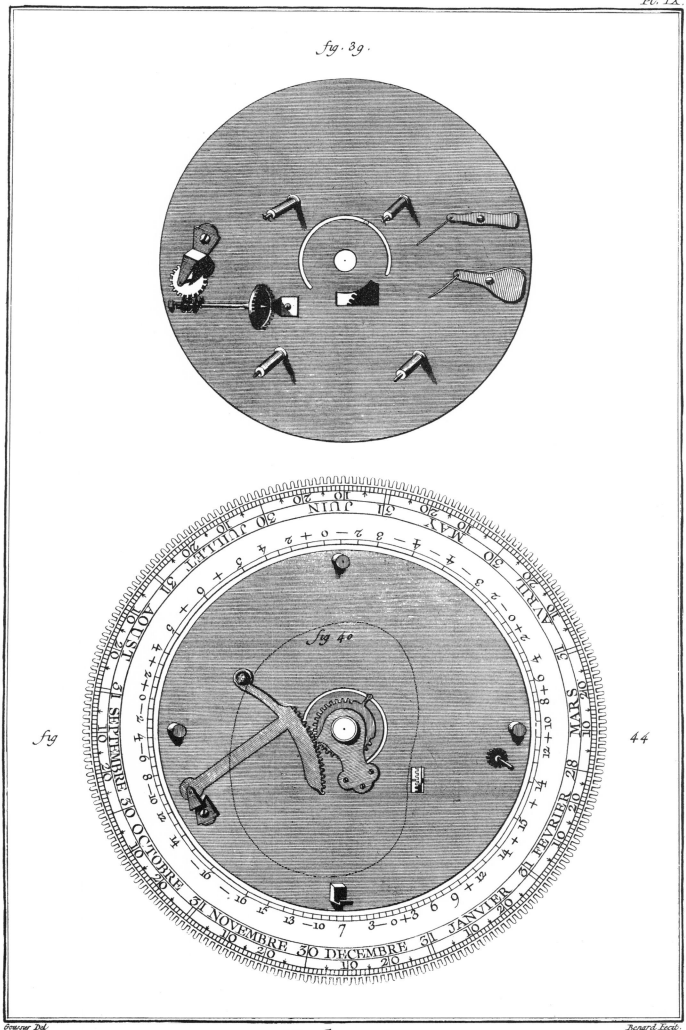

Pl. IX.

fig. 39.

fig 40

fig   44

Goussier Del.   Benard Fecit.

O

Horlogerie,

Cadrature de la Pendule d'Equation de Julien le Roy.

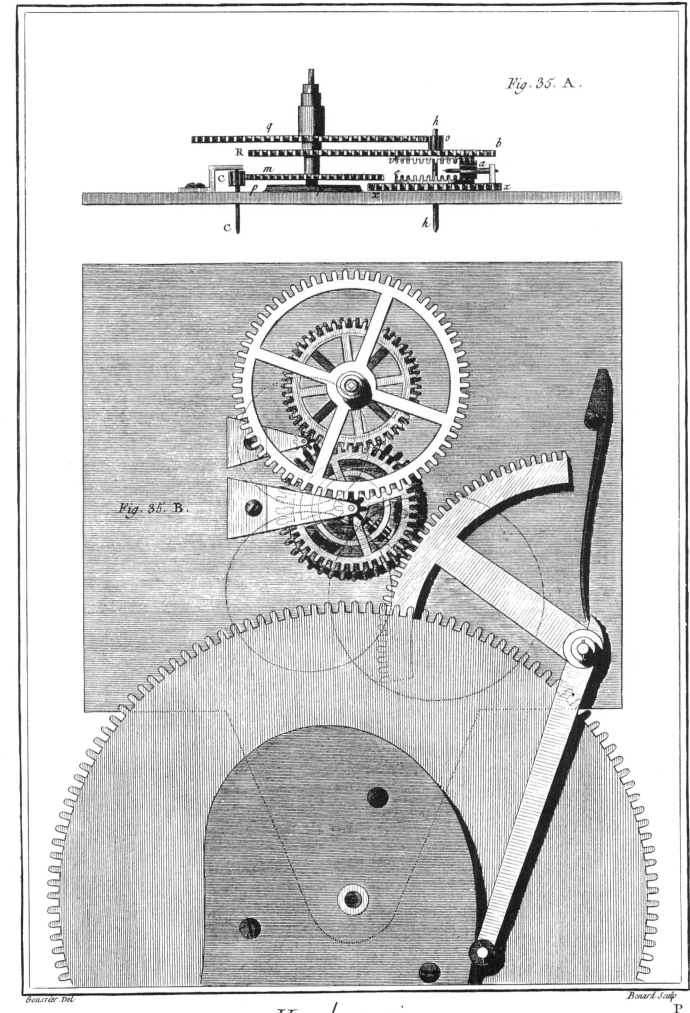

Fig. 35. A.

Fig. 35. B.

Goussier Del.

Benard Sculp.

P

Horlogerie,
Equation de Dauthiau.

fig. 37. A.

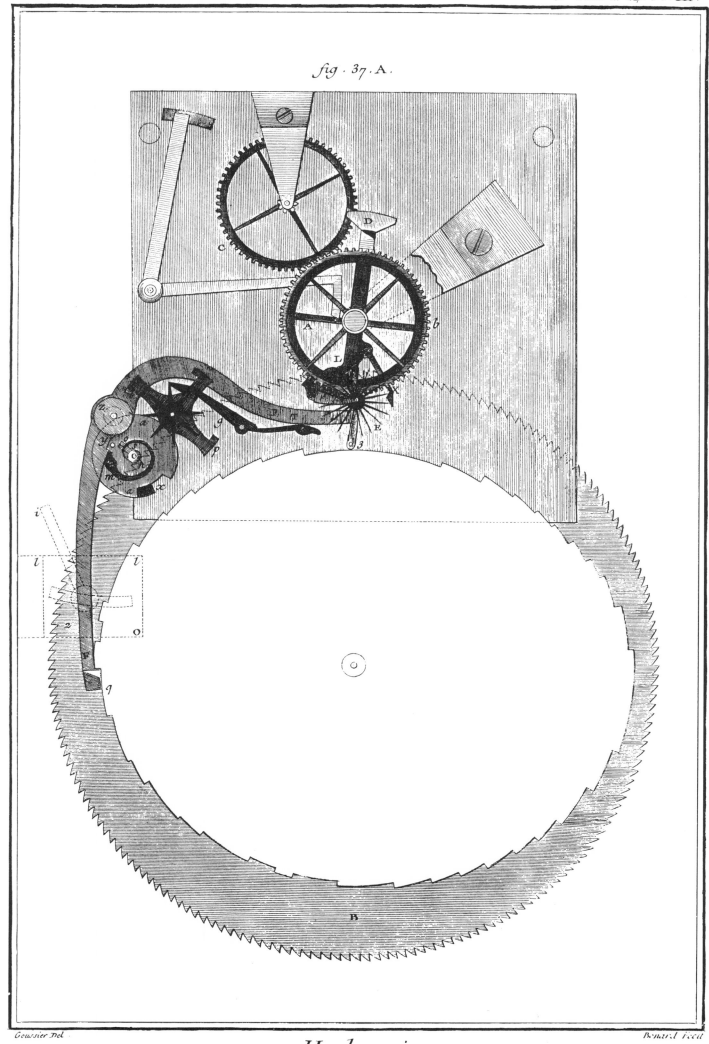

Horlogerie,
Pendule à Equation par le Sieur Berthoud

Q

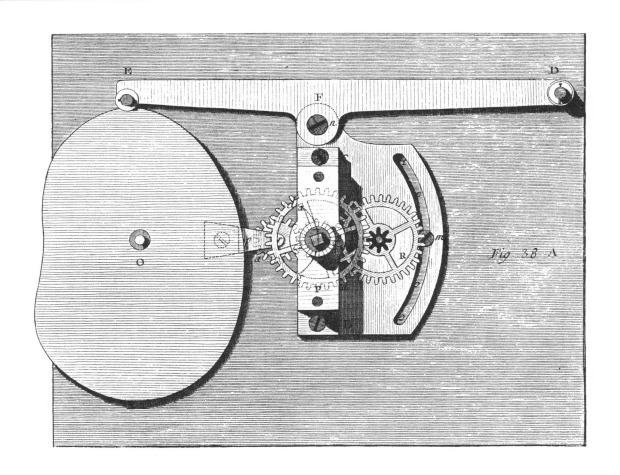

Fig. 38. A.

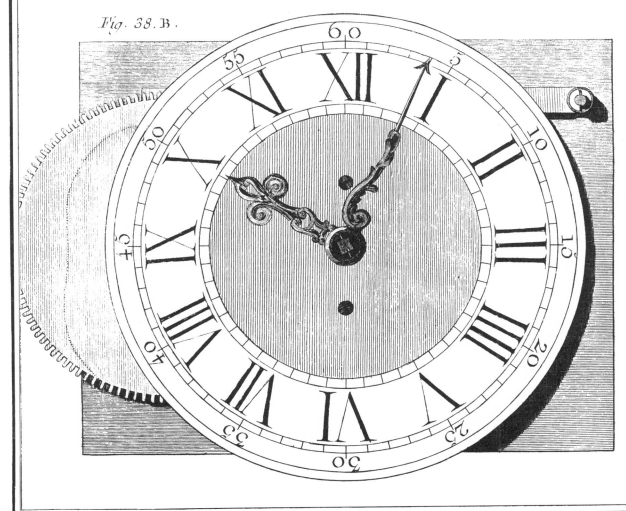

Fig. 38. B.

Benard Sculp.

R

Horlogerie
Pendule à Équation du Sieur Rivaz

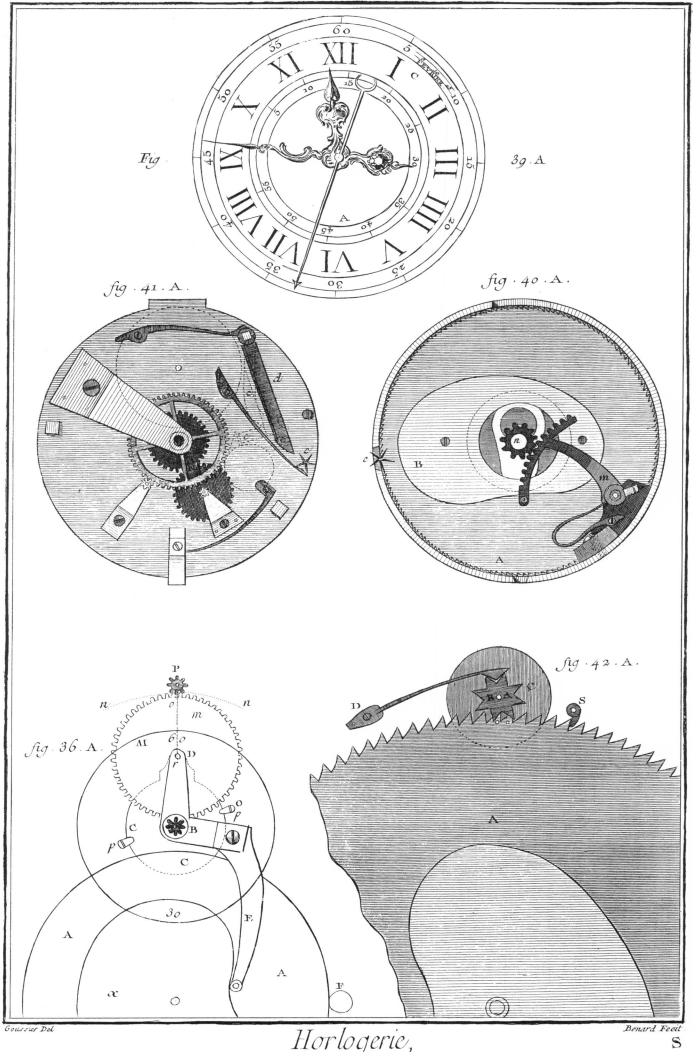

Fig. 39. A

fig. 41. A

fig. 40. A

fig. 42. A

fig. 36. A

Horlogerie,
Montre à Equation et Cadrature du Sieur Rivas.

S

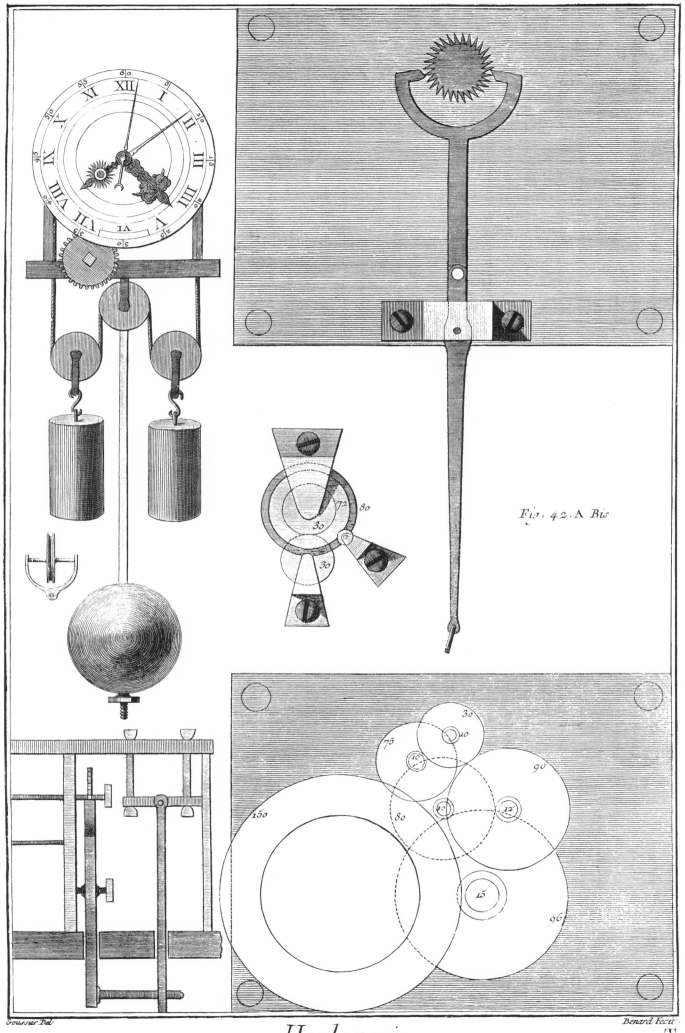

Fig. 42. A Bis

Goussier Del.

Benard Fecit

T.

Horlogerie,

Pendule à Équation et à Secondes Concentriques marquant les Années Communes et Bisextilles, les mois et Quantiemes des Mois.

fig. 43. A.

fig. 43. A.

Goussier Del.

Benard Fecit.

V.

Horlogerie,
Pendule d'Équation du Sieur Amirauld.

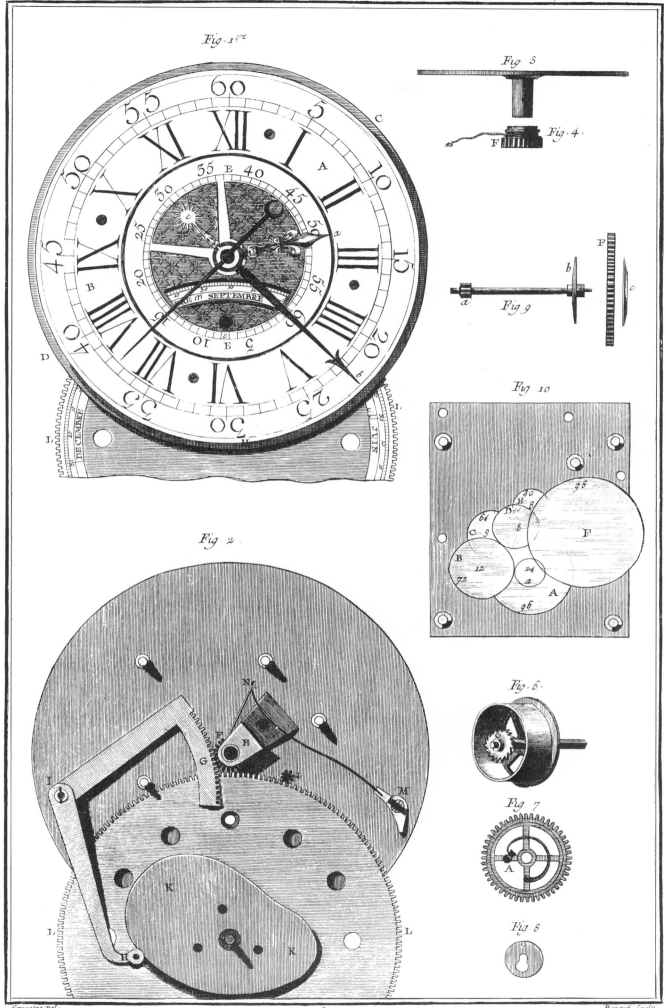

Fig. 1.ere

Fig. 3

Fig. 4.

Fig. 9

Fig. 2.

Fig. 10

Fig. 6.

Fig. 7

Fig. 8

Horlogerie,
Pendule d'Equation à Cadran Mobile.

Goussier Del.
Benard Sculp.

X

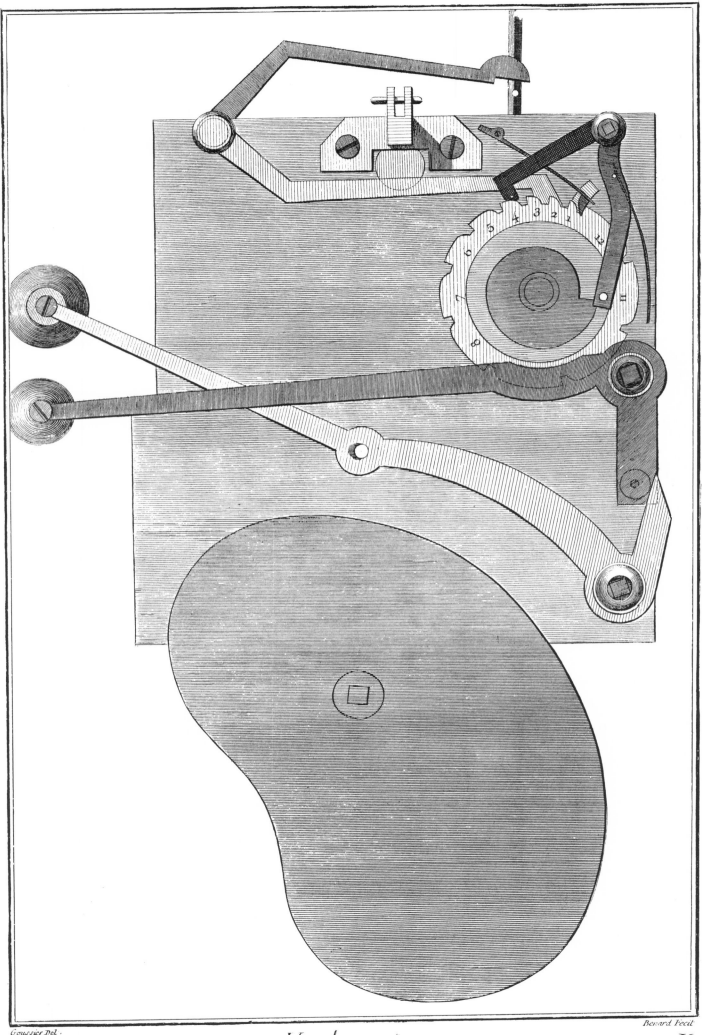

Goussier Del.

Benard Fecit

Horlogerie

Pendule d'Equation de le Bons.

Y.

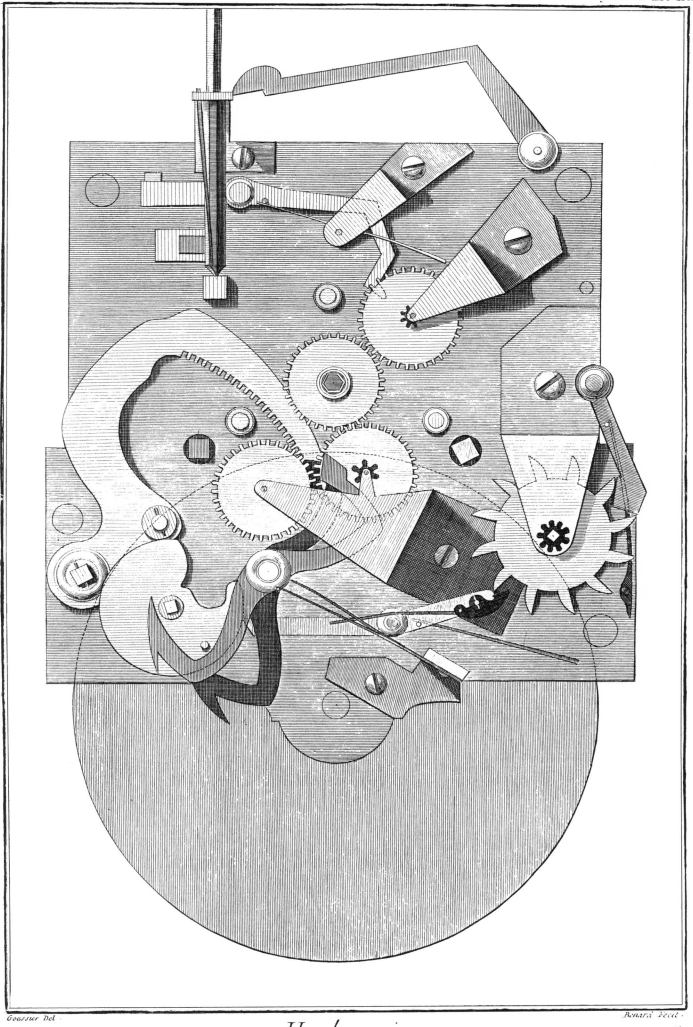

Horlogerie,

Pendule d'Equation de le Bon.

Z

Pl. X.

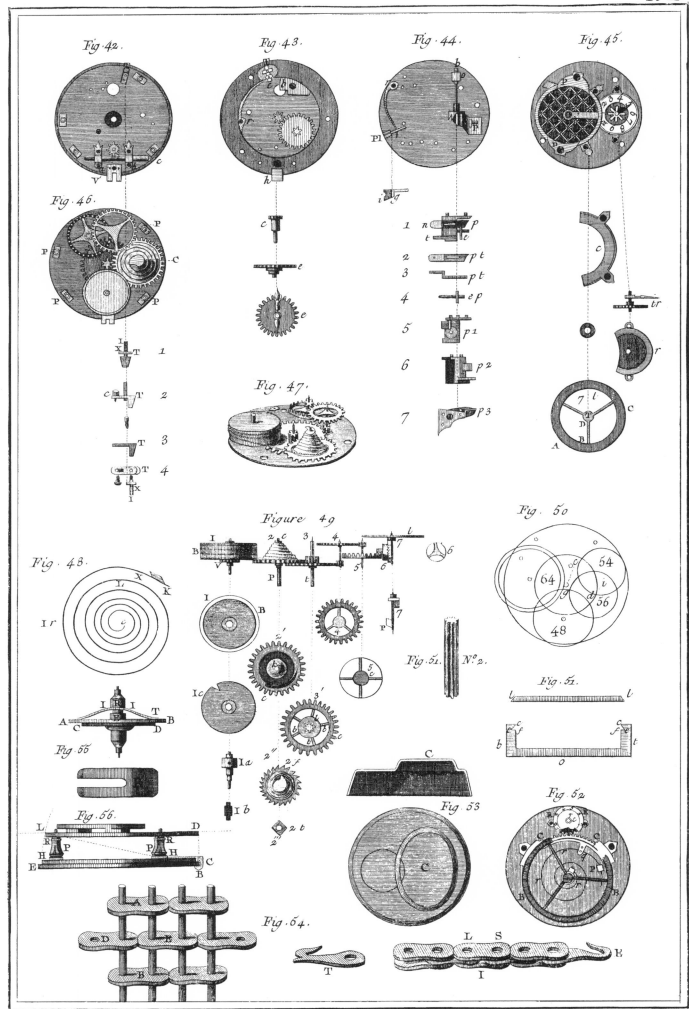

Fig. 42.   Fig. 43.   Fig. 44.   Fig. 45.

Fig. 46.

Fig. 47.

Figure 49.

Fig. 50.

Fig. 48.

Fig. 51. Nº 2.

Fig. 51.

Fig. 55

Fig. 52.

Fig. 56.

Fig. 53.

Fig. 64.

Goussier Del.

Benard Sculp.

AA.

Horlogerie, Montre ordinaire et ses Développemens.

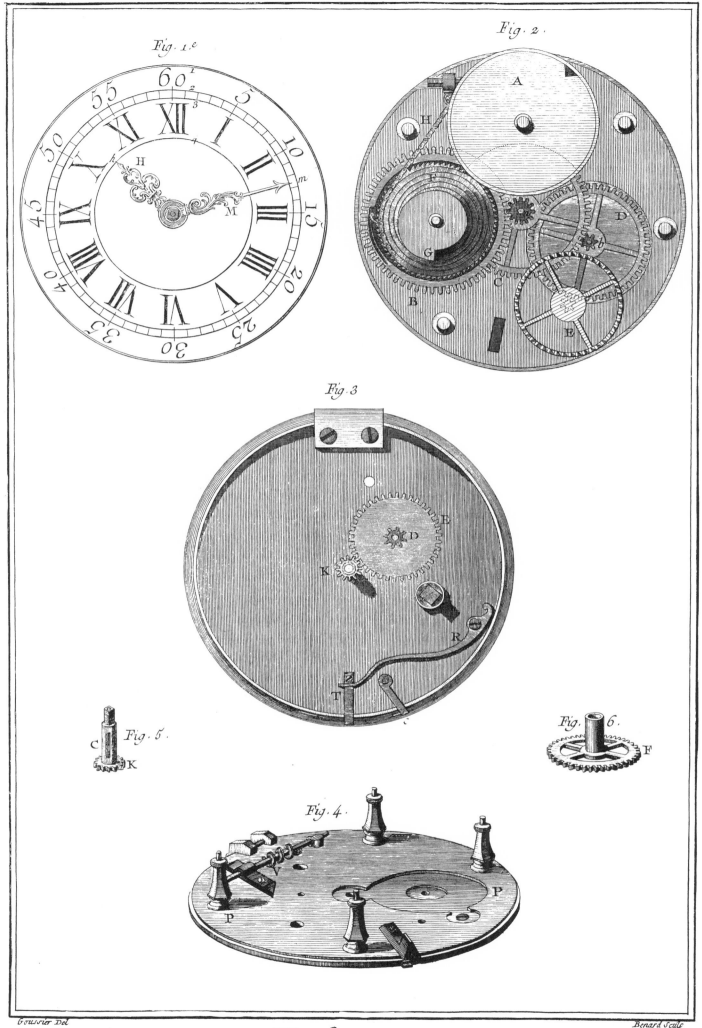

Fig. 1.ᵉ

Fig. 2.

Fig. 3.

Fig. 5.

Fig. 6.

Fig. 4.

Goussier Del.

Benard Sculp.

Horlogerie

BB.

Montre à Roue de Rencontre.

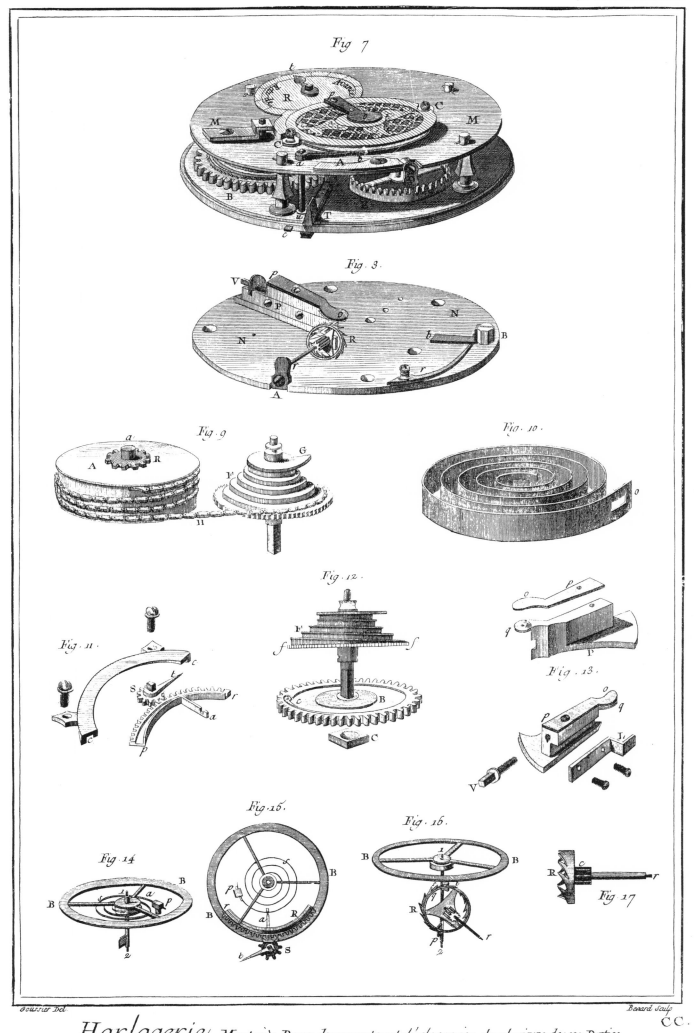

Horlogerie Montre à Roue de rencontre et développemens de plusieurs de ses Parties.

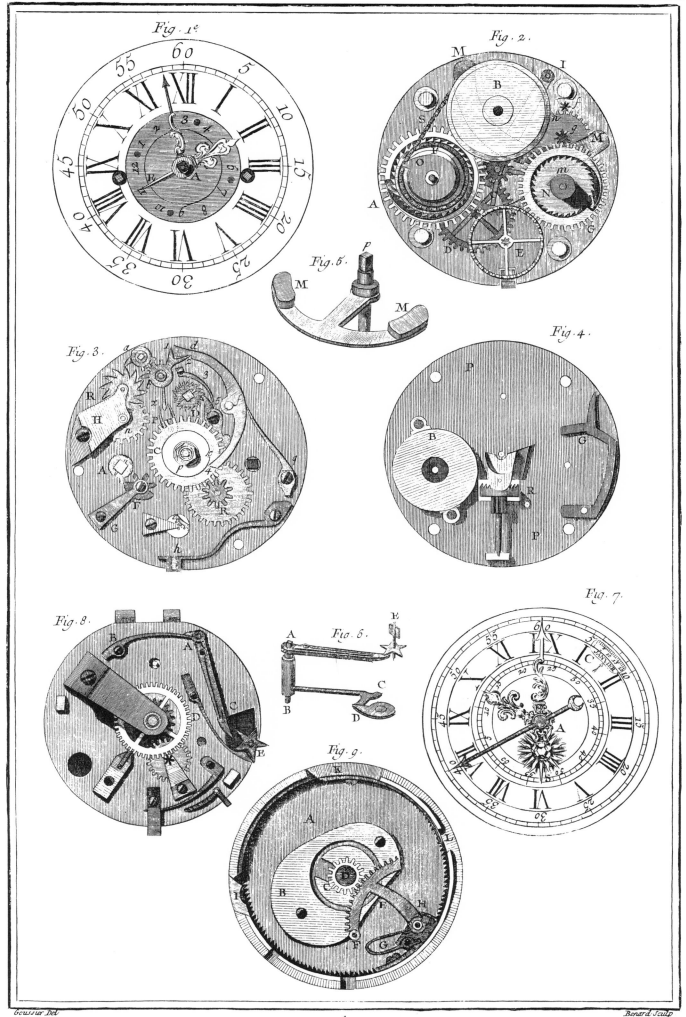

Horlogerie

DD.

Montre à Réveil et Montre à Equation, à Secondes Concentriques, marquant les Mois et leurs Quantiemes.

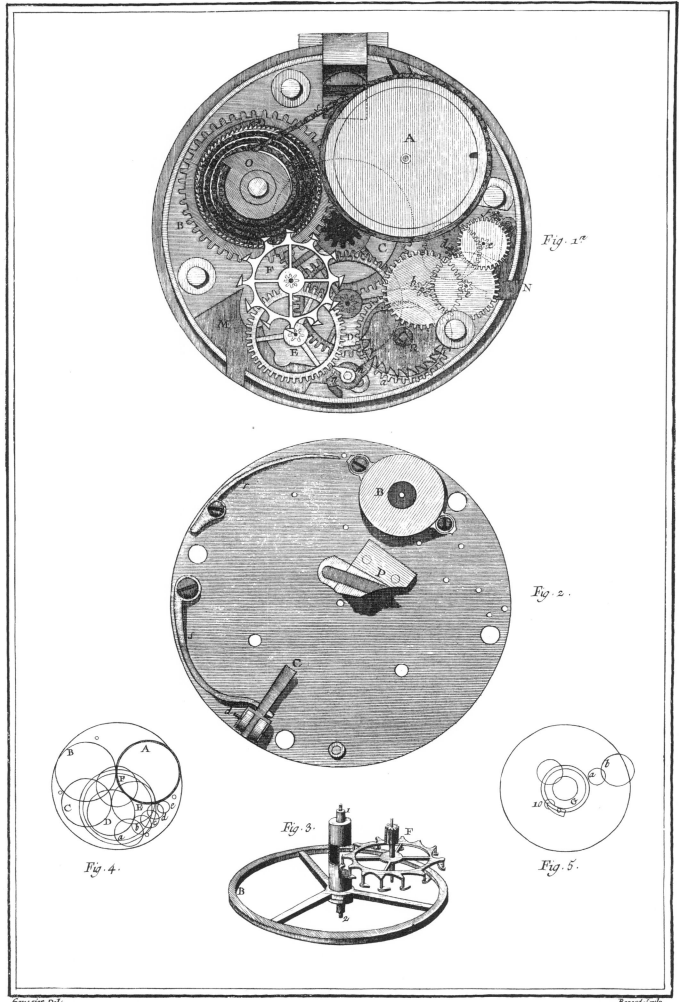

Fig. 1.^e

Fig. 2.

Fig. 4.

Fig. 3.

Fig. 5.

Goussier Del.

Benard Sculp.

EE.

Horlogerie, Montre à Répétition à Echapement à cilindre

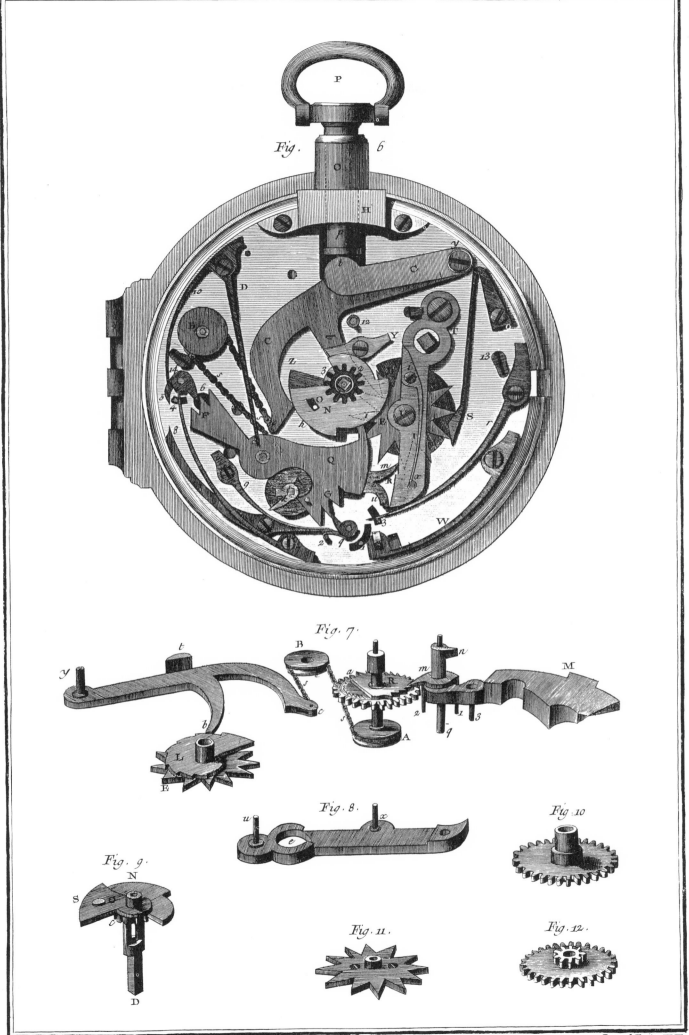

Fig. 6.

Fig. 7.

Fig. 8.

Fig. 9.

Fig. 10.

Fig. 11.

Fig. 12.

Goussier Del.

Benard Fecit. FF.

Horlogerie,
Cadrature de la Montre a Répétition.

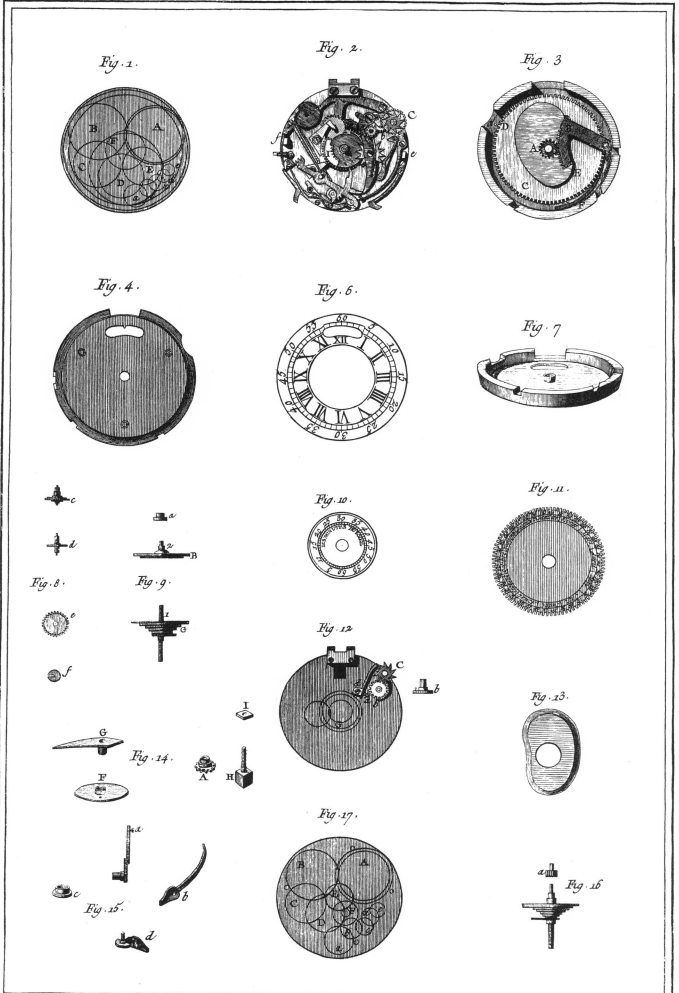

Fig. 1. *Fig. 2.* *Fig. 3.*

Fig. 4. *Fig. 6.* *Fig. 7.*

Fig. 8. *Fig. 9.* *Fig. 10.* *Fig. 11.*

Fig. 12. *Fig. 13.*

Fig. 14.

Fig. 17.

Fig. 15. *Fig. 16.*

Goussier Del. Benard Sculp.

GG.

Horlogerie Montre à Équation, à Répétion et à Secondes Concentriques.

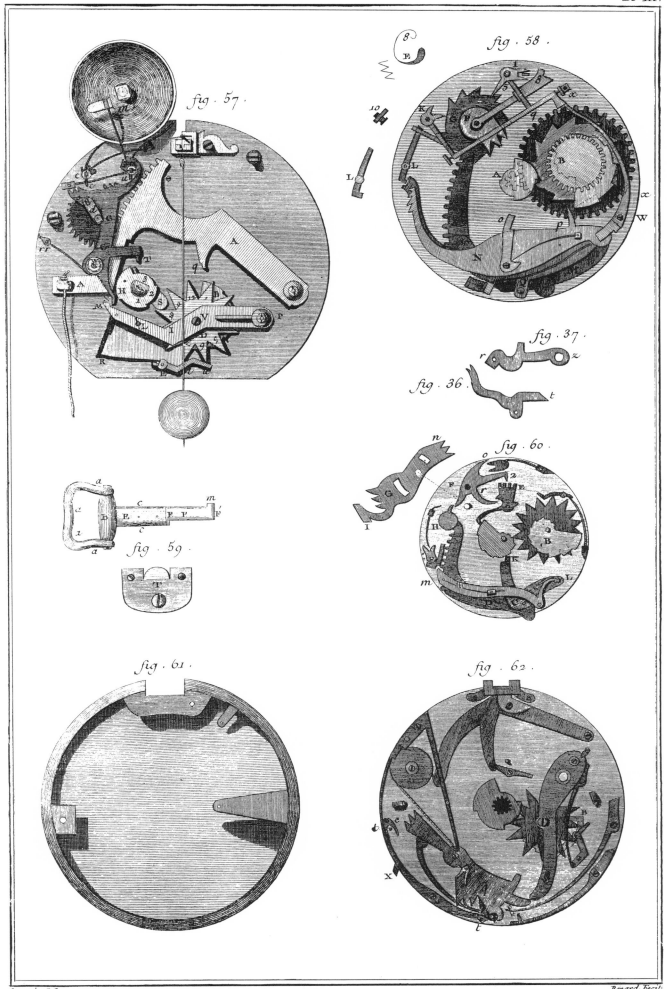

Pl. XI.

fig. 57.

fig. 58.

fig. 37.

fig. 36.

fig. 59.

fig. 60.

fig. 61.

fig. 62.

HH.

Horlogerie,
Différentes Répétitions

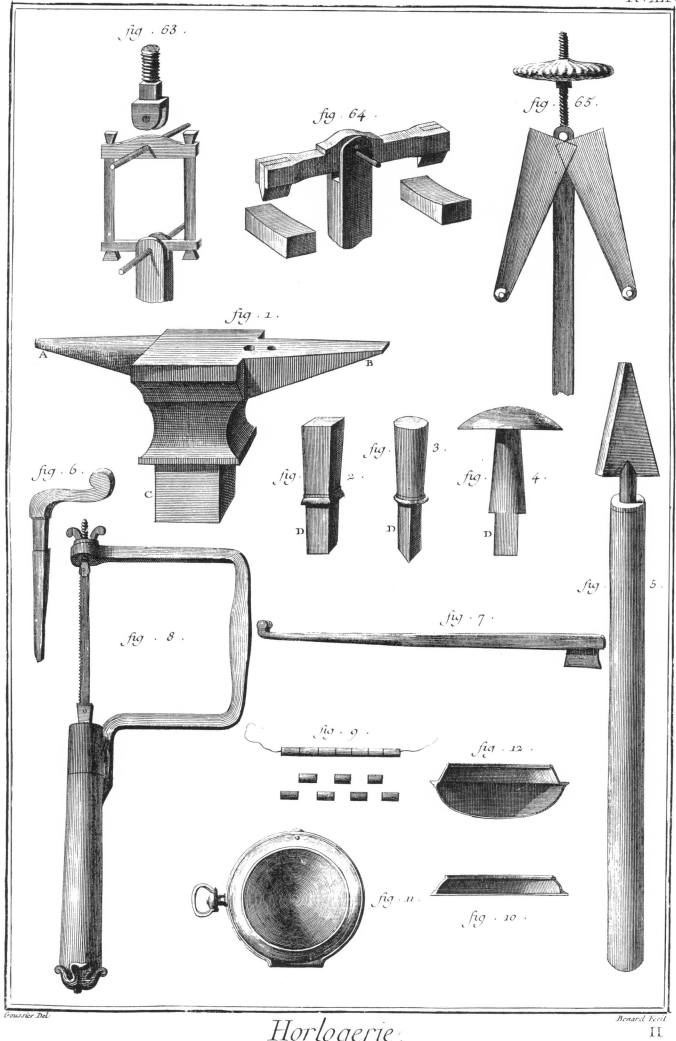

Pl. XII.

fig . 63 .

fig . 64 .

fig . 65 .

fig . 1 .

A

B

C

fig . 6 .

fig . 2 .

D

fig . 3 .

D

fig . 4 .

D

fig . 5 .

fig . 7 .

fig . 8 .

fig . 9 .

fig . 12 .

fig . 11 .

fig . 10 .

Goussier Del.

Benard Fecit.

Horlogerie,

Suspensions et différens Outils.

Pl. XIII.

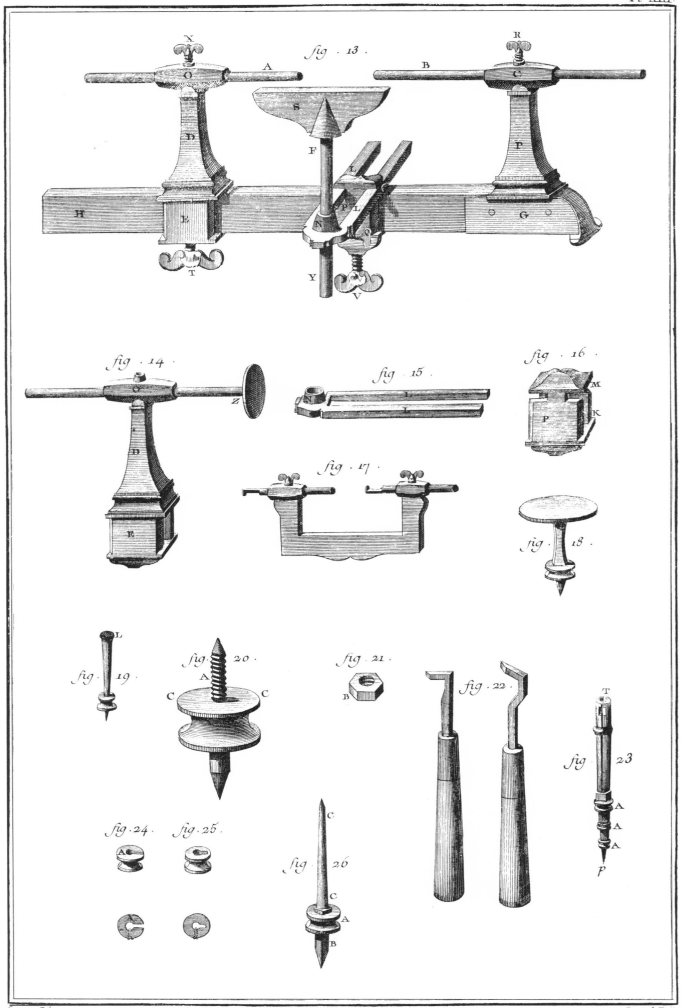

fig. 13.

fig. 14.

fig. 15.

fig. 16.

fig. 17.

fig. 18.

fig. 19.

fig. 20.

fig. 21.

fig. 22.

fig. 23.

fig. 24.

fig. 25.

fig. 26.

Geussier Del.

Benard Fecit

Horlogerie,
Tour d'Horloger et différens Outils.

Pl. XIV.

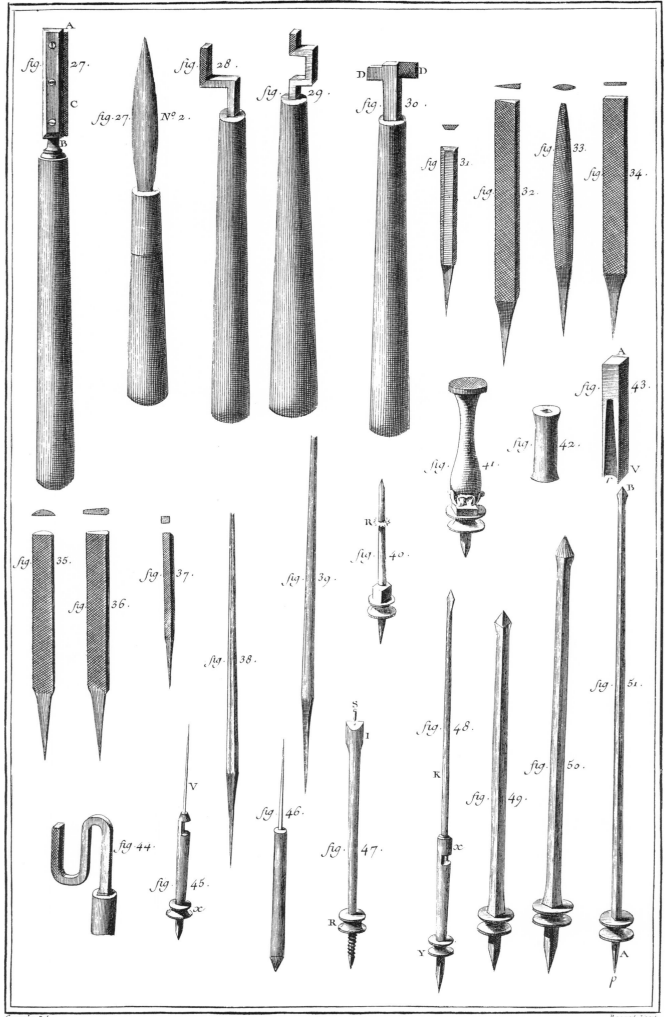

Pl. XV.

fig. 53.

fig. 52.

fig. 54.

fig. 55.

fig. 56.

fig. 57.

fig. 58.

fig. 59.

fig. 60.

Goussier Del.
Benard Fecit.

Horlogerie,
Différens Outils d'Horlogerie.

Pl. XVI

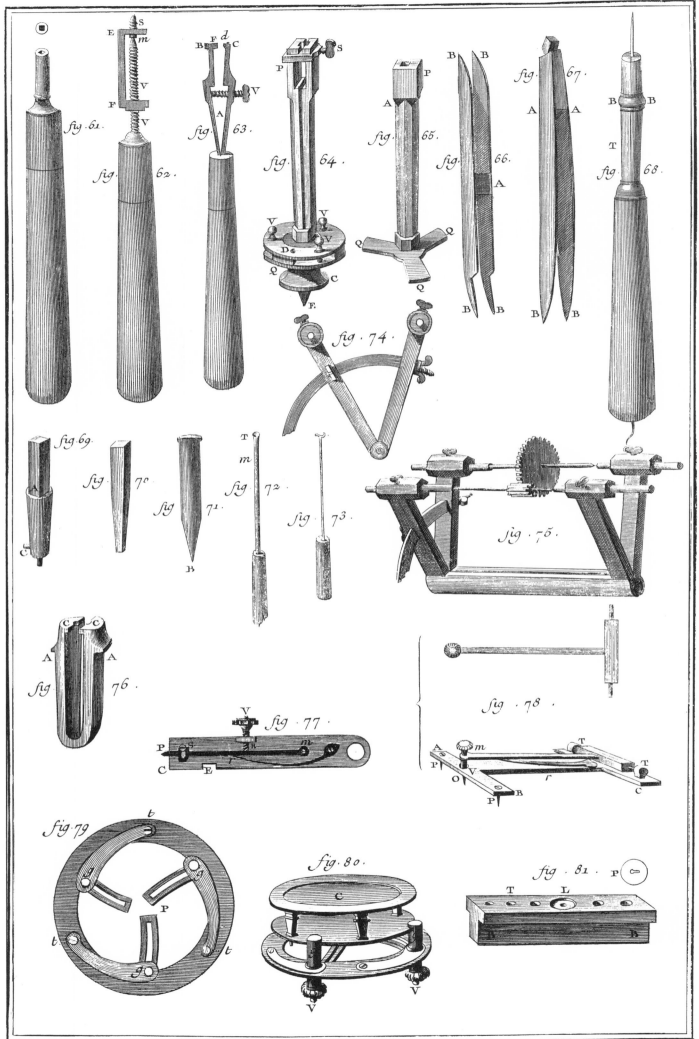

Horlogerie,
Différens Outils d'Horlogerie.

Pl. XLVII

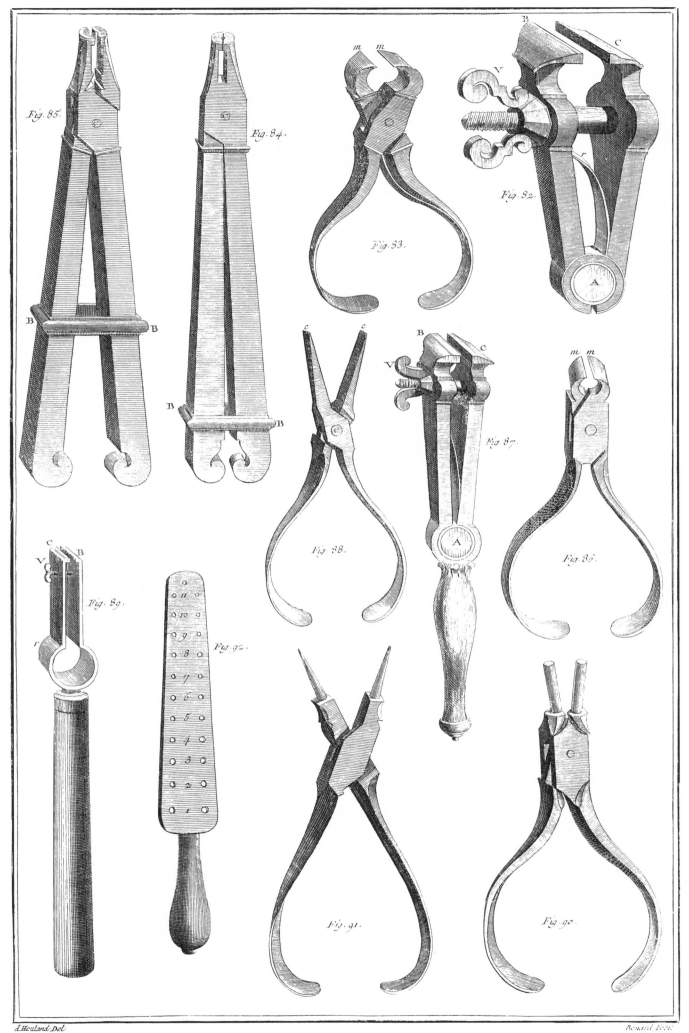

Fig. 85. Fig. 84. Fig. 83. Fig. 82. Fig. 88. Fig. 87. Fig. 86. Fig. 89. Fig. 92. Fig. 91. Fig. 90.

Horlogerie
Différens Outils d'Horlogerie

Fig . 93 .   Fig . 94 .   Fig . 95 .

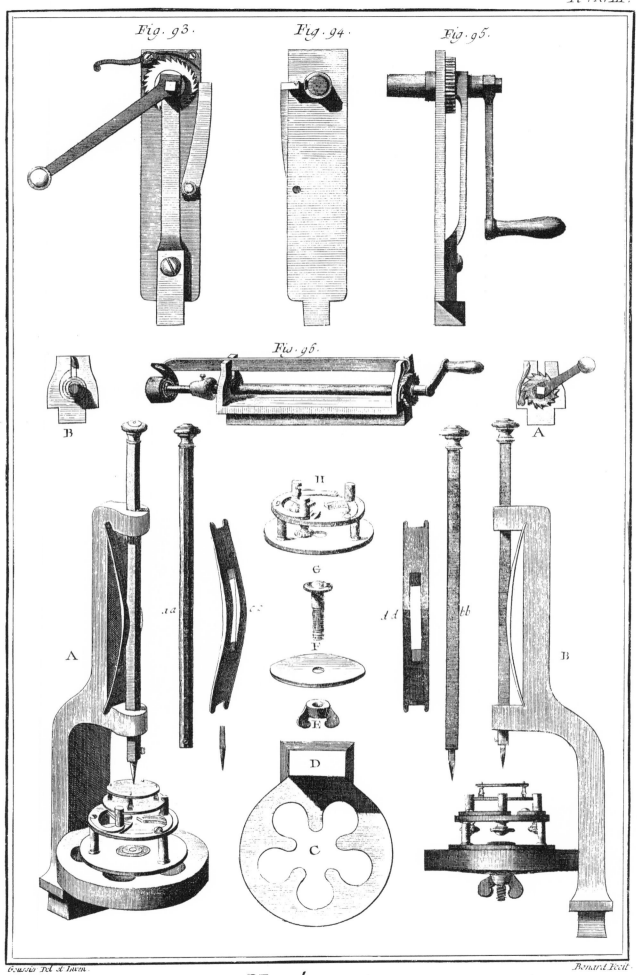

Fig . 96 .

Horlogerie

Machines pour remonter les Ressorts de Montres et de Pendules et Outil pour mettre les Roues de Montres droites en Cage.

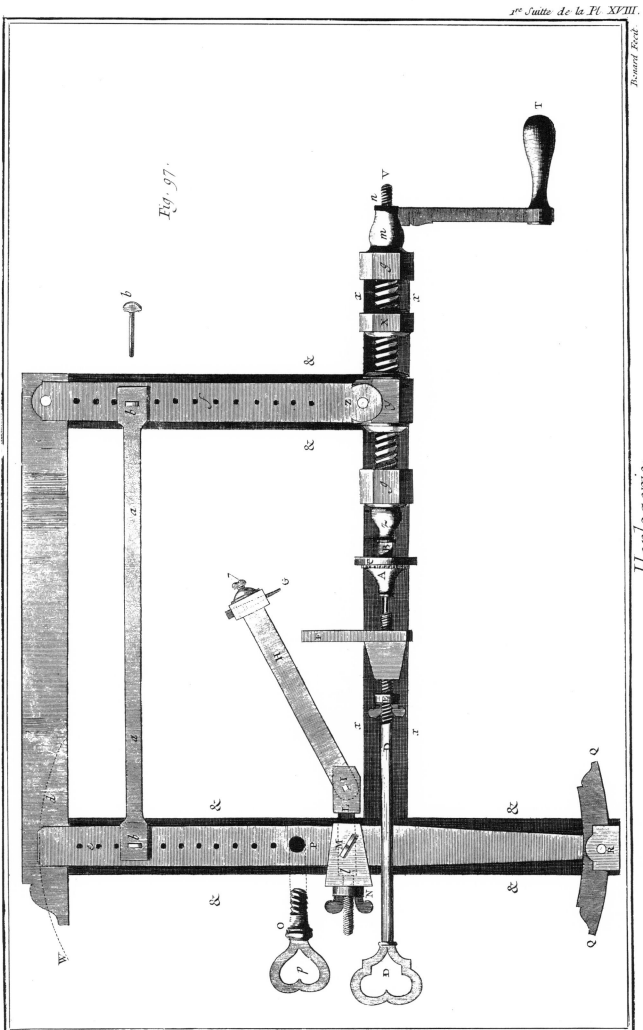

Fig. 97.

Horlogerie,
Machine pour Tailler les Fusées par le Sr. Regnault de Chaalons.

B-nard Fecit.

QQ.

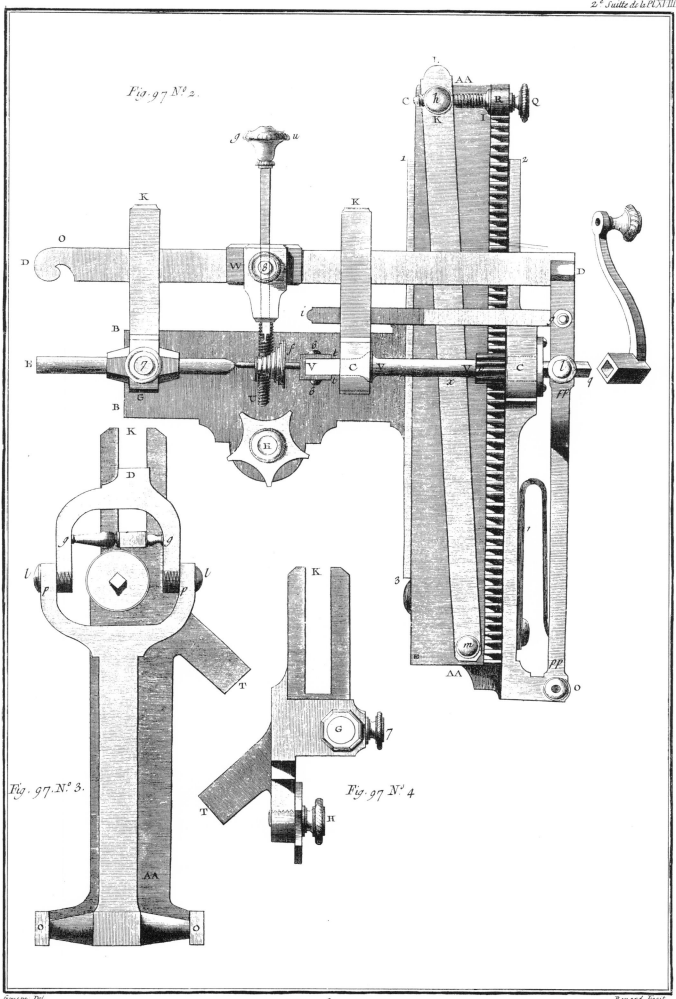

Fig. 97 N.º 2.

Fig. 97. N.º 3.

Fig. 97 N.º 4.

Goussier Del.

Benard Fecit

Horlogerie,
Machine pour Tailler les Fusées par le Sieur le Lievre.

RR.

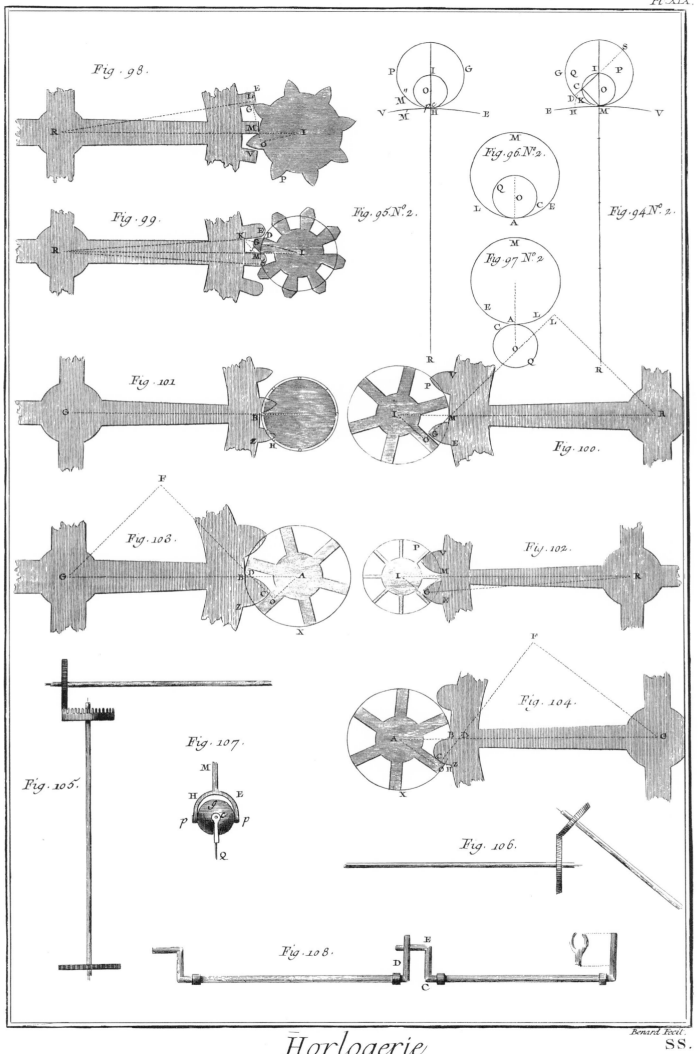

Pl. XIX.

Fig. 98.

Fig. 99.

Fig. 95. N°. 2.

Fig. 96. N°. 2.

Fig. 94. N°. 2.

Fig. 97. N°. 2.

Fig. 101

Fig. 100.

Fig. 103.

Fig. 102.

Fig. 104.

Fig. 105.

Fig. 107.

Fig. 106.

Fig. 108.

Benard Fecit.

Horlogerie

Démonstrations des Engrenages &c.

Pl. XX.

Fig. 109.

Horlogerie,

Vue perspective de la Machine de Sulli pour fendre les Roues.

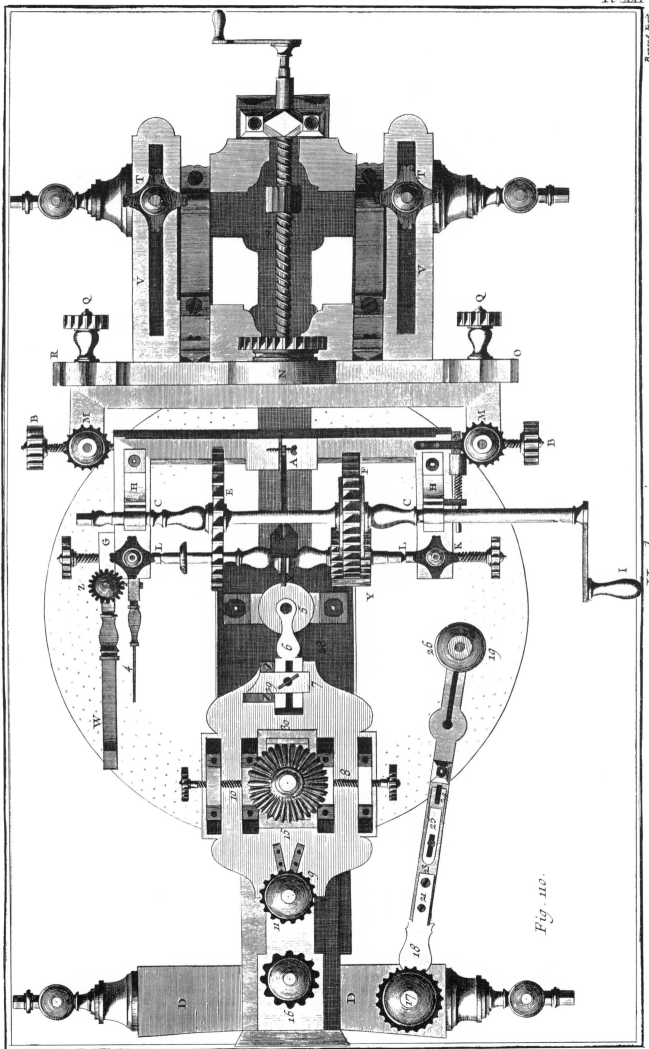

Pl. XXI

Horlogerie,

Plan de la Machine de Sully pour fendre les Roues

Fig. 110.

Pl. XXII.

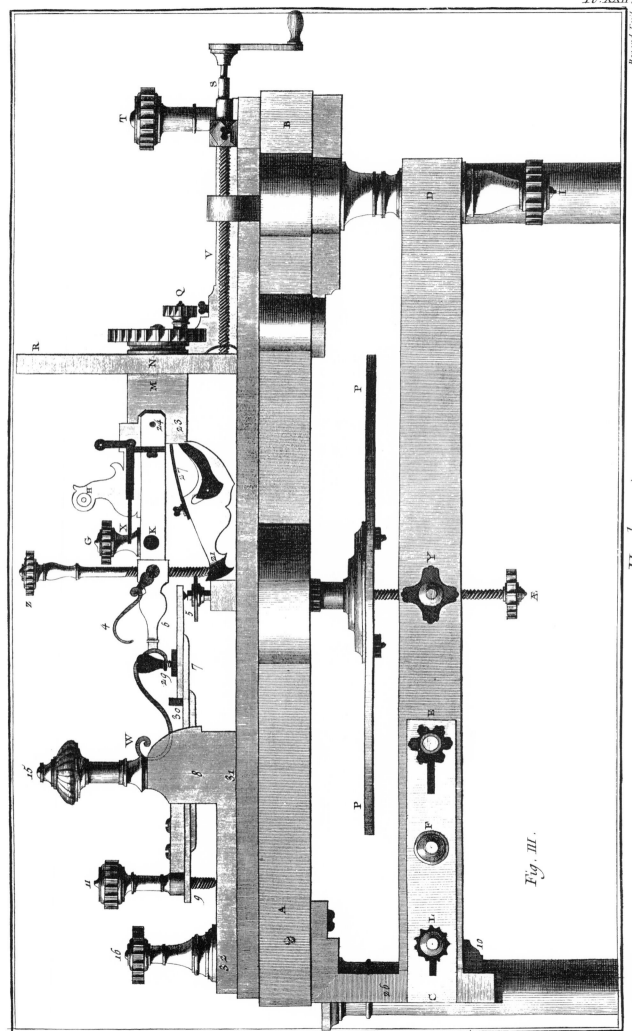

Horlogerie,

Profil de la Machine de Sulli pour fendre les Roues.

Fig. III.

Pl. XXIII.

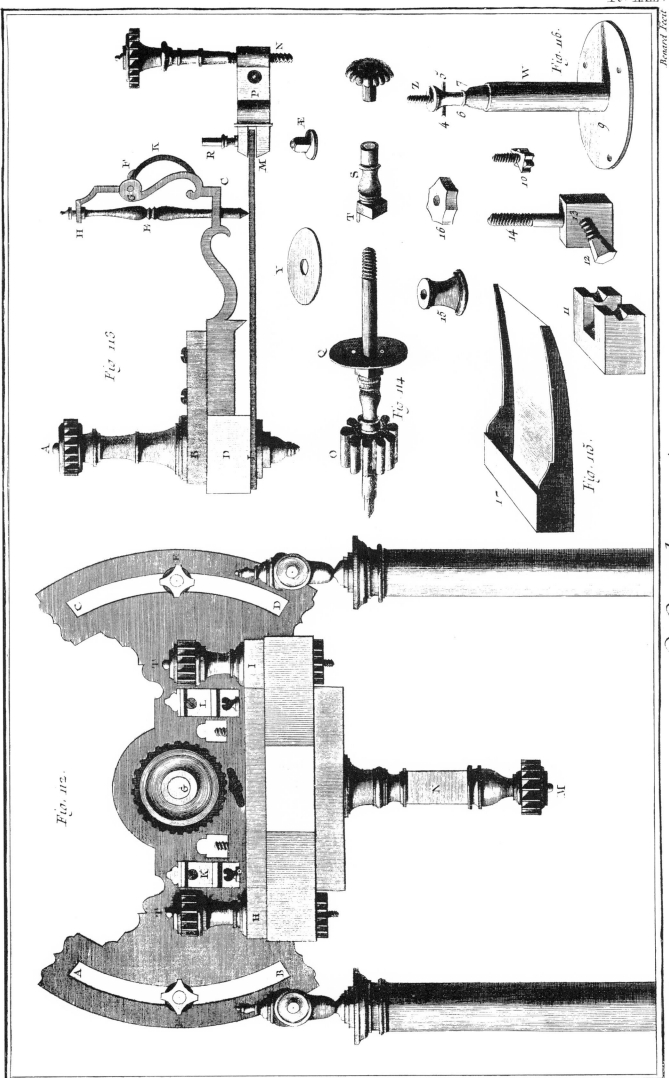

Benard Fecit

Fig. 113.

Fig. 114.

Fig. 115.

Fig. 116.

Fig. 112.

Horlogerie

Développemens de quelques parties de la Machine à fendre de Sully.

Pl. XXIV.

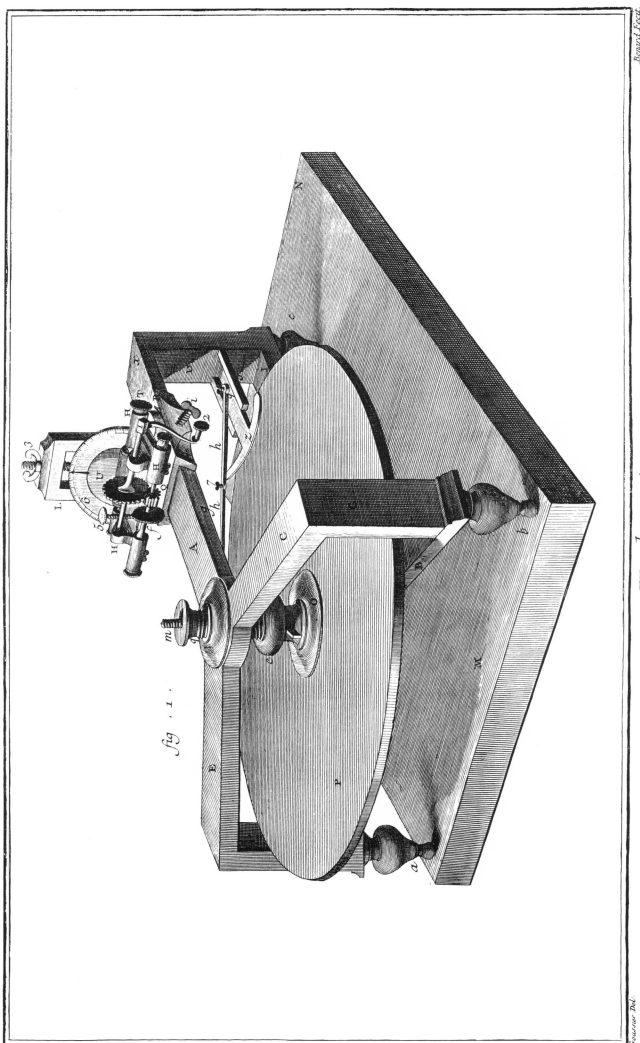

fig. 1.

Horlogerie

Vue perspective de la Machine du M. Hulot, pour fendre les Roues de Montres et de Pendules.

Pl. XXV.

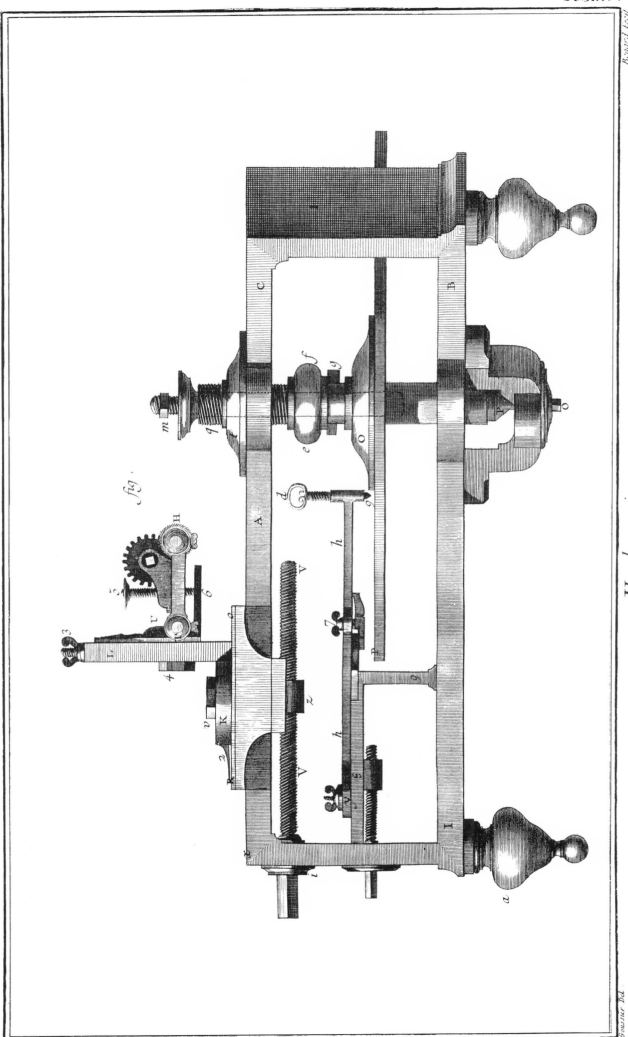

fig.

Horlogerie,

Profil de la Machine du Sieur Hulot pour fendre les Roues.

Pl. XXVI.

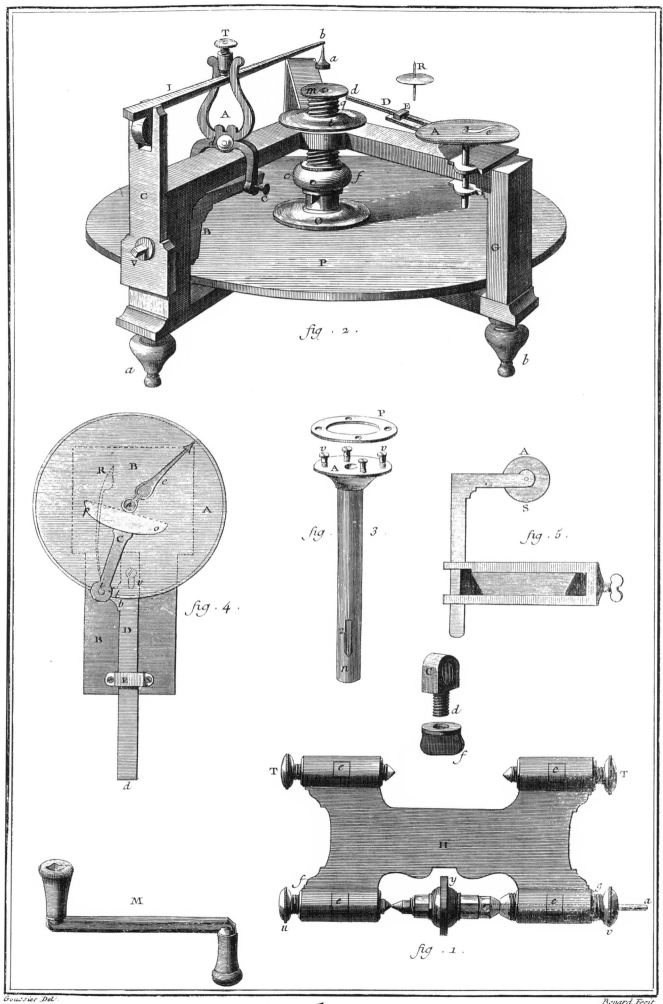

fig . 2.

fig . 3

fig . 4 .

fig . 5 .

fig . 1 .

Goussier Del.

Benard Fecit

Horlogerie,

Dévelopemens de quelques parties de la Machine du Sieur Hulot pour fendre les Roues

BBB

Pl. XXVII

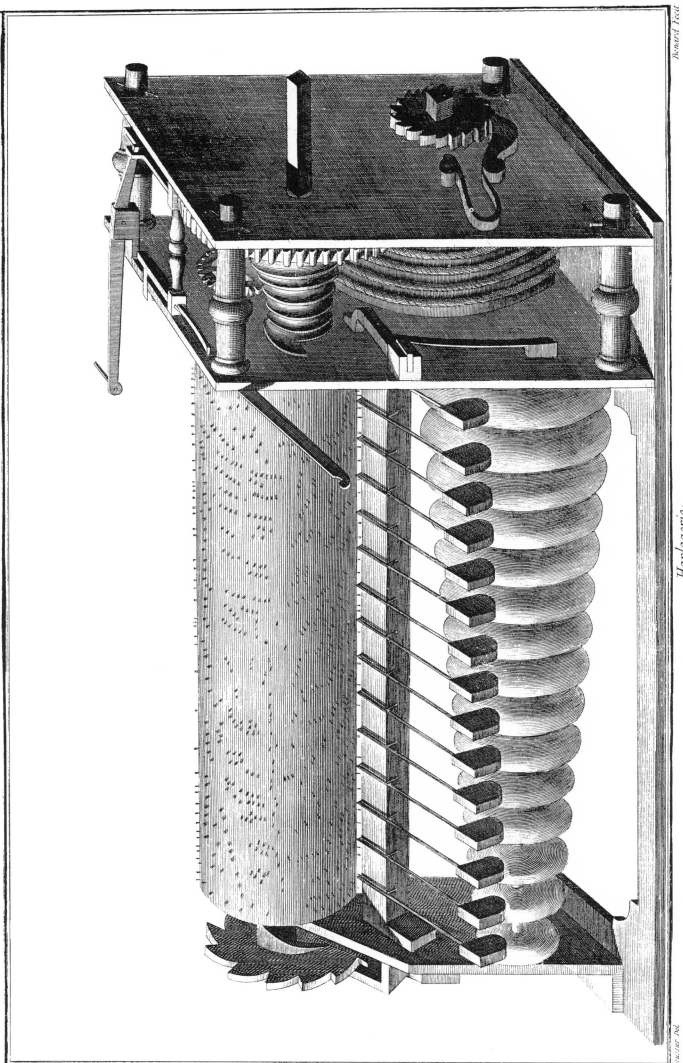

Bernard Fecit

Goussier Del.

Horlogerie,
Vue perspective d'un Carillon.

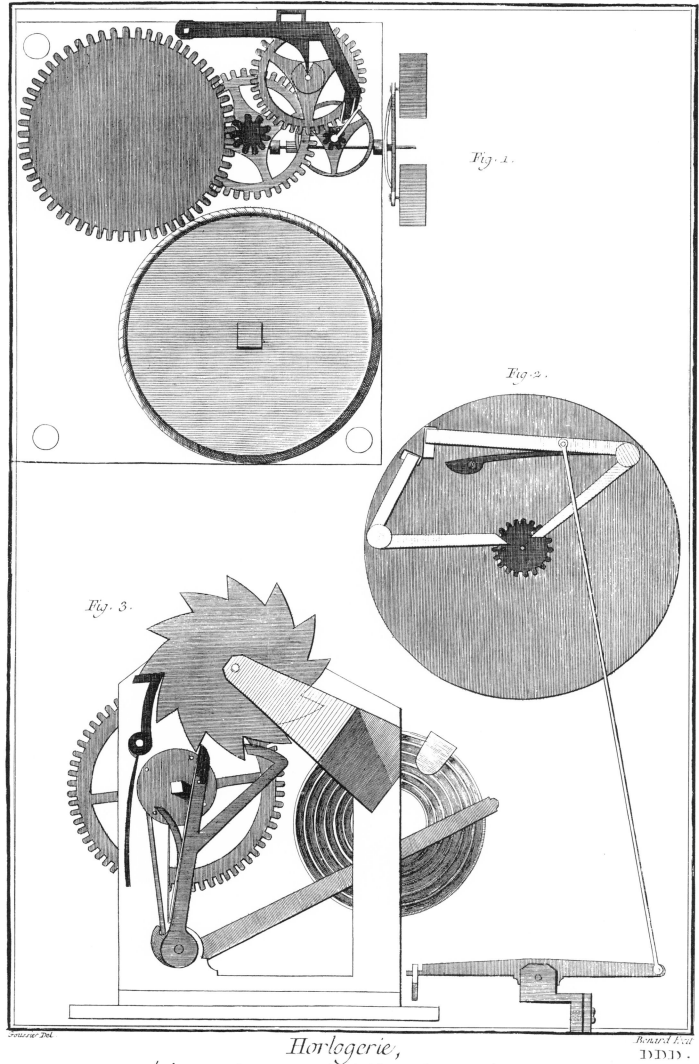

Fig. 1.

Fig. 2.

Fig. 3.

DDD.

Horlogerie,
Développemens du Rouage et des Détentes du Carillon.

Pl. XXIX.

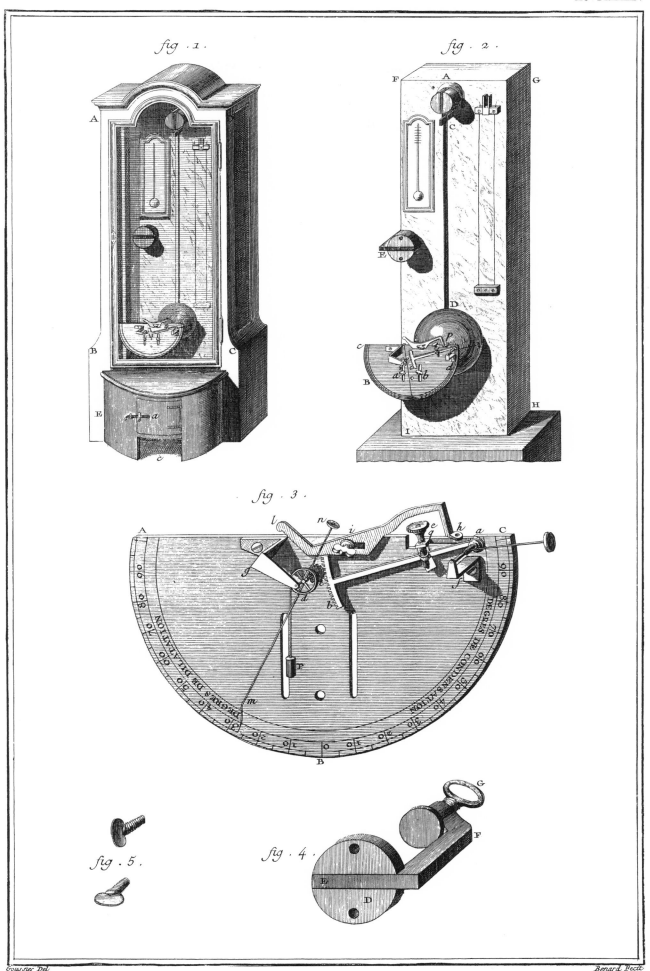

fig. 1.

fig. 2.

fig. 3.

fig. 4.

fig. 5.

Horlogerie,

Pyromètre pour mesurer l'alongement du Pendule.

Goussier Del.

Benard Fecit.

EEE.

SECONDE SECTION.

TOutes les Planches de cette feconde fection ont été deffinées fous la direction de M. Romilly, qui en a fourni les explications; on lui doit auffi le difcours qui précede l'explication de la Planche premiere de la fection précédente , & l'explication de la Planche X. cotée AA.

Les Planches de la feconde fection font divifées en trois parties : la premiere contient cinq Planches, qui repréfentent la machine à tailler les limes & à arrondir les dentures; elles font cotées à l'angle inférieur par les lettres *a*, *b*, *c*, *d*, *e*.

La feconde partie contient auffi cinq Planches, diftinguées par la lettre A à la fuite du nº. Ces Planches repréfentent la machine qui a fervi à faire les expériences dont il eft parlé à *l'article* PIVOT; elles font cotées par les lettres *f*, *g*, *h*, *i*, *k*.

La troifieme partie eft compofée de trois Planches, diftinguées par la lettre B à la fuite du nº. & cotées des lettres *l*, *m*, *n* : ces Planches repréfentent l'outil qui fert à égalifer les roues de rencontre, &c.

PREMIERE PARTIE.

PLANCHE Iᵉʳᵉ. *cotée* a.

Fig. 1. Outil vû de profil avec toutes les piéces raffemblées.

A.B. Manche qui tient la lime à former les dentures: il fe meut parallelement à lui-même , placé entre quatre pitons qui portent des roulettes, dont quatre font horifontales & quatre verticales, pour diminuer le frottement que le manche éprouve dans fon mouvement. Il faut que ces quatre pitons ou roulettes foient difpofées parallelement entr'elles, & exactement de la même largeur que le manche, qui doit être auffi parfaitement parallele dans toute fa longueur, pour n'avoir aucun jeu dans toutes fes pofitions.

qq. Doffier qui s'ajufte fur le manche pour porter les limes.

r. Vis de rappel pour faire mouvoir le doffier & fixer la lime dans l'alignement defiré.

S.S. Deux vis qui fixent le doffier fur le manche.

C. Partie de l'outil qui s'attache à l'étau.

DD. Sont les quatre pitons, dont deux font cachés par le profil; ils fervent à porter quatre roulettes verticales.

EE. Sont auffi quatre roulettes horifontales , dont deux font dérobées par le profil.

FF. Sont deux talons attachés au manche AB pour borner la longueur de fon mouvement, au moyen d'un tareau *g*, qui tient par un tenon à vis fixé fur le corps de l'outil en H.

I.I. Sont deux pointes qui tiennent la roue par les deux pivots.

KK. Sont les vis qui fixent les pointes dans les poupées LL, dont l'une eft couverte par le piton D.

M. Vis de rappel pour mouvoir la roue dans le fens de la longueur de la vis.

N. eft une fourchette qui foutient la roue.

i. Eft une vis qui foutient la petite fourchette qui foutient les tiges des roues plates.

I. Sont deux vis qui contiennent la roue dans la fourchette.

m. Eft la piece de cuivre qui reçoit la fourchette qui s'ajufte à couliffes.

O. Eft une vis pour monter ou defcendre la fourchette.

P. Partie de l'outil qui porte en couliffe le montant des poupées.

d. Vis qui fert à fixer la piece des poupées.

Q. Vis de rappel pour faire monter ou defcendre la roue contre la lime RR.

f. Tenon qui tient la vis de rappel Q.

2. P. la couliffe de la *figure* précédente vûe en face. S eft

la couliffe. 1 , 2 , 3 , 4 , 5 , 6 , font des vis qui tiennent une plaque pour recouvrir la couliffe.

3. TT. Manche qui porte le rabot pour former les limes.

V. Eft un inftrument d'acier tranchant , qui coupe & donne la forme à la lime.

XXXX. Couliffe dans laquelle fe meut le tranchant V.

Y. Vis qui fixe le tranchant V.

Z. Fraife à tailler les limes RR, *fig.* 1.

4. *a.* Montant de l'outil vû de profil & féparé de fes parties.

b. Couliffe dans laquelle s'ajuftent deux mâchoires qui doivent tenir les limes qu'on veut faire.

c. fig. 1. mâchoire qui tient les limes pour les former.

PLANCHE II. *cotée* b.

Fig. 1. AB. Manche qui porte l'inftrument tranchant pour faire les limes , décrit dans la Pl. I. *fig.* 3.

XXXX. Morceau de cuivre qui porte le tranchant V pour former les limes , & de l'autre bout la fraife Z , Pl. I. *fig.* 3. qui fert à tailler les limes après qu'elles font formées. Y eft la vis qui affujettit le tranchant à fon fuppprt.

nn. Sont deux vis qui fervent à fixer le fupport de cuivre fur le manche AB.

2. *nn.* Deux pieces de cuivre en couliffes, ajuftées en queue d'aronde, que rapprochent les deux vis de rappel *oo* , pour fixer les limes *oo* que l'on forme avec le manche armé de fon tranchant, dont l'effet eft celui du rabot. Quand la lime eft formée par le tranchant V, Pl. I. *fig.* 3. on retourne le morceau de cuivre XXXX, & l'on met la fraife Z à la place du tranchant V ; & appliquant le manche T fur la machine, Planche II. *fig.* 2. en appuyant fortement fur la fraife Z, & mouvant le manche dans le fens de fa longueur ; la fraife Z tourne fur elle-même & fait des impreffions fur la lime, qui eft ainfi taillée. Les ouvertures P, P, font faites pour paffer des petites viroles qui fe placent à l'extrémité des vis *o, o*, & qui font retenus par une goupille.

2. Eft l'outil vû en - deffus, le manche de fa lime étant ôté, tel qu'il eft écrit dans la Pl. I. *fig.* 1. vû de profil.

3. Manche de la lime vû par-deffous.

PLANCHE III. *cotée* c.

Fig. 1. Le même outil recouvert de fon manche.

2. Piece de cuivre qui fert à tenir les roues par le moyen de la fourchette, *fig.* 3. pour les roues plates, & de la piece, *fig.* 4. pour les roues de champ.

3. La fourchette pour les roues plates.

5. Piece qui porte la roue de champ, & qui s'emboîte dans le centre de la *fig.* 4.

6. Piece qui s'ajufte concentriquement fur la *fig.* 5.

7. Broche qui entre dans la *fig.* 6. pour centrer la roue de champ fur la *fig.* 5.

8. Porte-roue de champ remonté de fes parties, *fig.* 4, 5, 6, 7.

9. Même outil vû de profil.

10. Même fourchette que la *fig.* 3. mais vûe du côté oppofé.

11. Plaque qui s'ajufte fur les fourchettes pour tenir les roues plates.

12. Petite fourchette d'acier qui s'ajufte fur la grande fourchette , *fig.* 10. pour foutenir les tiges des roues plates.

13. Même petite fourchette vûe de profil.

PLANCHE IV. *cotée* d.

Fig. 1. Eft le même outil tout monté & vû par-deffous. Les mêmes lettres correfpondent aux lettres de la Pl. I. *fig.* 1. & défignent les mêmes parties de l'outil.

Les numéros 1 , 2 , 3 , 4 , 5 , 6 , 7. repréfentent; le 1. lime à égalir ; le 2. lime à arrondir ; le 3.

même lime à arrondir vûe par le bout; le 4. même lime à arrondir vûe à plat; le 5. cranoir; le 6. cranoir vû à plat; le 7. inftrument à donner les traits aux roues. Ces fept pieces s'ajuftent au manche AB, Pl. I. *fig.* 1. à la place de la lime RR, qui tient par les deux vis *e e*, qui font des parties de cuivre qui s'ajuftent entr'elles comme l'outil appellé *doffier* par les Horlogers.

e e e. Sont trois différentes clés fervant à tourner les vis de l'outil.

f. Pointe à lunette pour conferver les pivots des roues plates qui font fur l'outil; cette pointe à lunettes fe fubftitue aux pointes *i i*.

PLANCHE V. *cotée* e.

Fig. 1. *m. m.* Deux pieces de cuivre vûes fous deux faces, qui portent deux refforts *o o*, dont la fonction eft d'élever la petite fourchette defignée à la Pl. III. *fig.* 12. & 13.

2. PP. La même piece de cuivre vûe de deux faces, C eft une efpece de tour fur lequel fe mettent les roues, & qui s'ajuftent fur l'outil.

3. V. Plaque qui fixe la vis de rappel vûe en face.

4. L'outil vû du bout qui porte les roues.

5. 2. 2. Petites poulies qui fupportent le manche.

6. 3. 3. Deux autres poulies pofées verticalement aux premieres, pour maintenir le manche dans fa place.

SECONDE PARTIE.

PLANCHE Iere. A *cotée* f.

Fig. 1. La machine vûe par deffus.

2. Plan de la main fervant à tenir les montres.

3. Bouffole.

PLANCHE II. A *cotée* g.

Fig. 1. La machine vûe de profil, & la méchanique qu'elle porte vûe en face.

2, 3, 4, 5. Différens arbres.

x x. Refforts fpiraux.

PLANCHE III. A *cotée* h.

Fig. 1. La même machine & fa méchanique vûe de profil.

2. Balancier plein.

3. Globe plein.

4. Coquille mobile du pié.

PLANCHE IV. A *cotée* i.

Fig. 1. La même machine vûe en perfpective, avec la main qui fert à tenir le mouvement d'une montre devant le miroir M I, l'image du balancier étant alors réfléchie par la glace.

2. & 3. Balanciers.

PLANCHE V. A *cotée* k.

Fig. 1. La même machine vûe en-deffous.

2. Compas pour mefurer le diametre des pivots.

TROISIEME PARTIE.

PLANCHE Iere. B *cotée* l.

Fig. 1. Outil à égalir les roues de rencontre & les roues de cylindres vû par-deffus.

PP. Bafe de l'outil.

AA. Eft l'h mobile autour du centre des vis B. B.

C. Piece de cuivre mobile autour du centre des vis D, D; ces vis font terminées en pointe pour être logées dans deux cenfures coniques de l'axe XX, autour duquel la piece C fe meut, & que l'on fixe avec la vis E.

Y. Y. Piece de cuivre qui fert de centre de mouvement à l'h, & qui eft attachée contre la piece de cuivre C par la vis Q, & qui porte un petit index qui parcôurt des divifions faites fur la piece C, & qui détermine l'inclinaifon qu'on veut donner à l'h.

E. Eft une des vis qui fixent la piece C.

F. F. Eft une tige qui porte le guide G qui fixe la dent de la roue.

H. M. Reffort & piece de cuivre qui meut le guide G au moyen de la vis F, qui fait avancer & reculer.

I I. Arbre qui porte la fraife & le cuivreau K, ajufté fur les deux extrémités de l'h.

L. Montant qui porte les roues.

M. Pointe que l'on fixe au moyen de la vis N.

O. vis qui éleve ou abaiffe l'h.

P. Vis qui donne à l'arbre de la fraife la liberté précife qui lui convient pour fe mouvoir fans jeu ni balotage.

Q. Vis qui raffemble les deux pieces de cuivre portant l'h A.

2. & 3. L'h féparée de l'outil vû de deux manieres différentes.

4. L'outil tout remonté vû de profil.

SS. Support de la vis O.

a. Partie de l'outil qui fe met à l'étau.

B. Centre de mouvement de l'h.

b. Piece qui détermine la hauteur de l'h, au moyen de la vis O.

c c. Deux vis qui fervent à fixer le porte-roue L.

d. Vis qui fixe le centre de mouvement D.

e. Vis qui recule & avance le mouvement de l'h.

b. Piece détachée de l'outil.

G. Guide féparé de l'outil.

H. M. F. Pieces féparées de l'outil.

PLANCHE II. B *cotée* m.

Fig. 1. Le même outil vû par-deffous; les deux vis D D terminées en pointe pour être logées dans deux creufures coniques de l'axe X X, autour duquel la piece C fe meut, & que l'on fixe au moyen de la vis E.

2. L'outil vû derriere.

3. La piece C vûe en face.

4. La même piece vûe de profil.

5. Support S S.

6. L. Porte-roue.

7. Y Y. Pieces qui portent l'index, & le centre de mouvement de l'h.

8. Clé à tourner les vis fans tête.

PLANCHE III. B *cotée* n.

Fig. 1. L'outil vû par-devant.

2. L'outil vû du côté oppofé au profil de la *figure* 4. Pl. III. B.

3. Bafe P, où fe raffemblent les numéros 1, 2, 3, 4, 5.

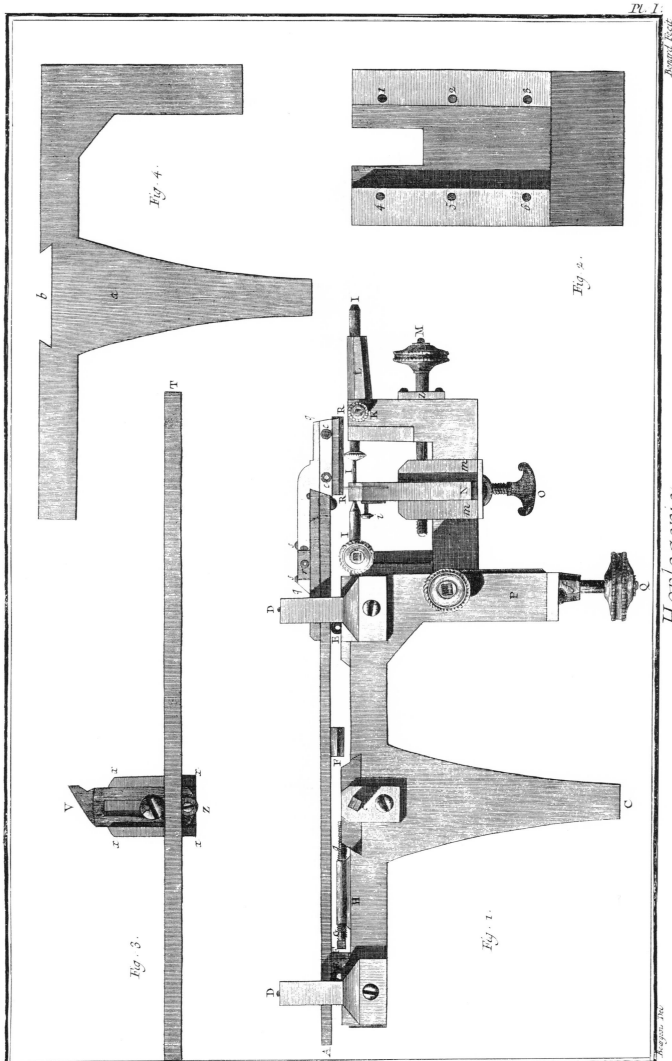

Pl. I.

Fig. 4.

Fig. 2.

Fig. 3.

Fig. 1.

Horlogerie,
Machine pour arrondir les Dentures

Bengeon Del.

Benard Fecit

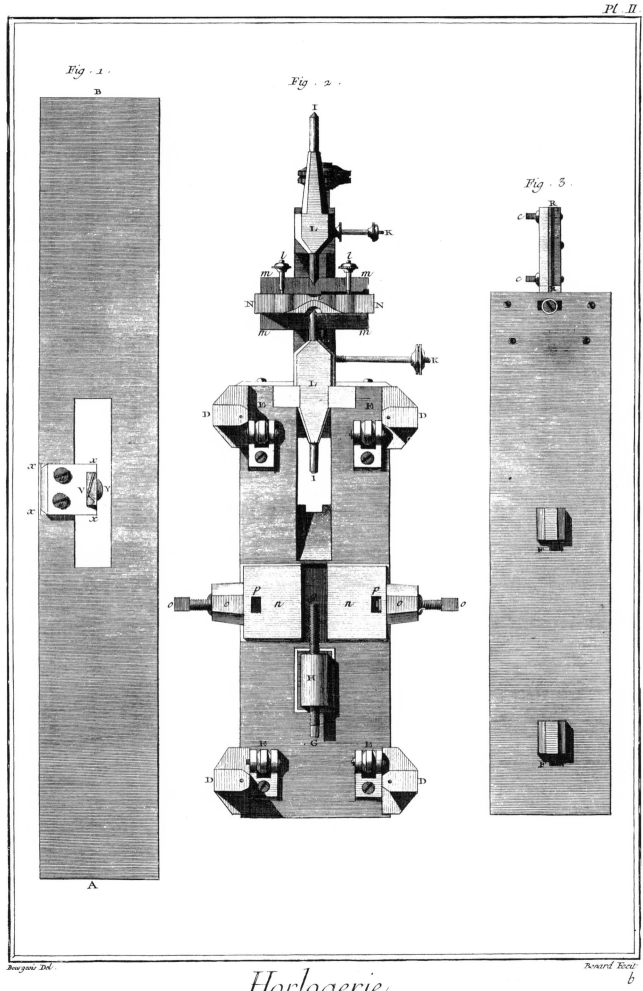

Pl. II.

Fig. 1.

Fig. 2.

Fig. 3.

Horlogerie,
Machine pour arrondir les Dentures.

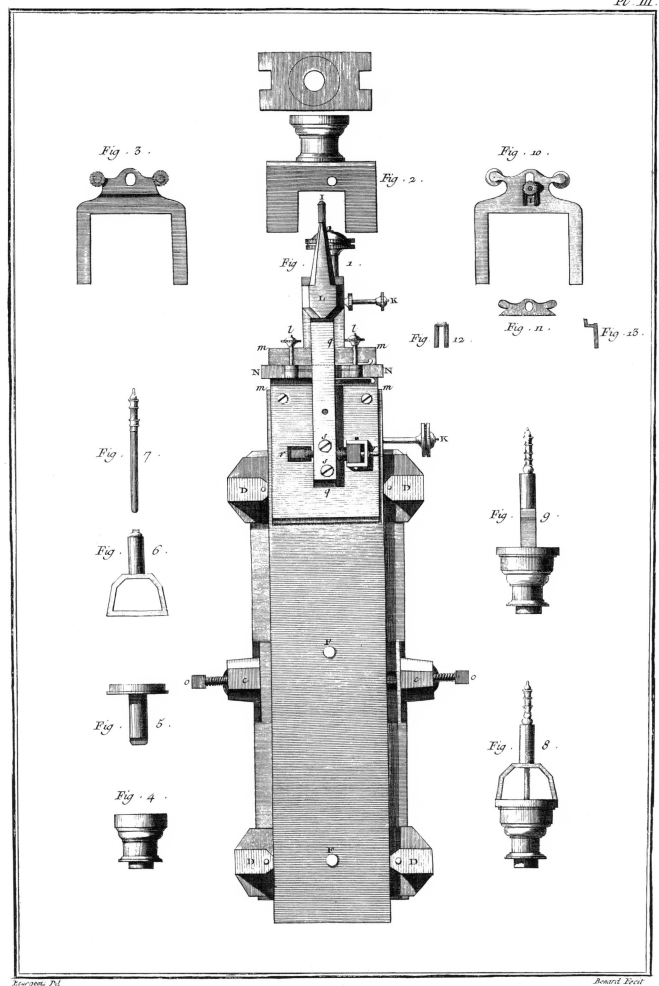

Pl. III.

Fig. 3.

Fig. 10.

Fig. 2.

Fig. 1.

Fig. 11.

Fig. 13.

Fig. 12.

Fig. 7.

Fig. 9.

Fig. 6.

Fig. 5.

Fig. 8.

Fig. 4.

Horlogerie,
Machine pour arrondir les Dentures

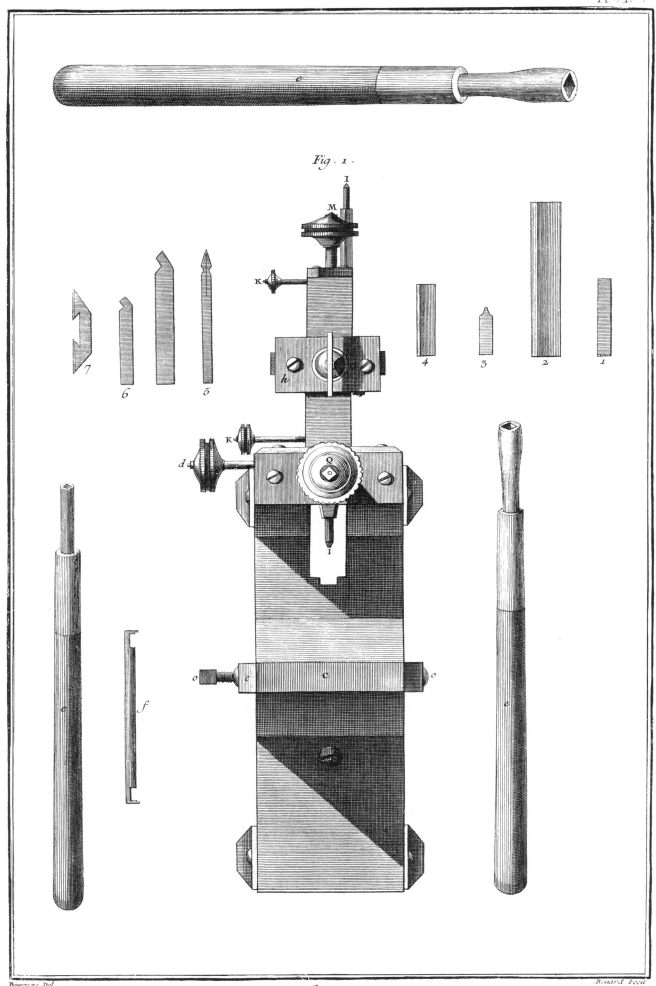

Pl. II.

Fig. 1.

Horlogerie,
Machine pour Arrondir les Dentures.

Bourgeois Del.

Benard Fecit

d

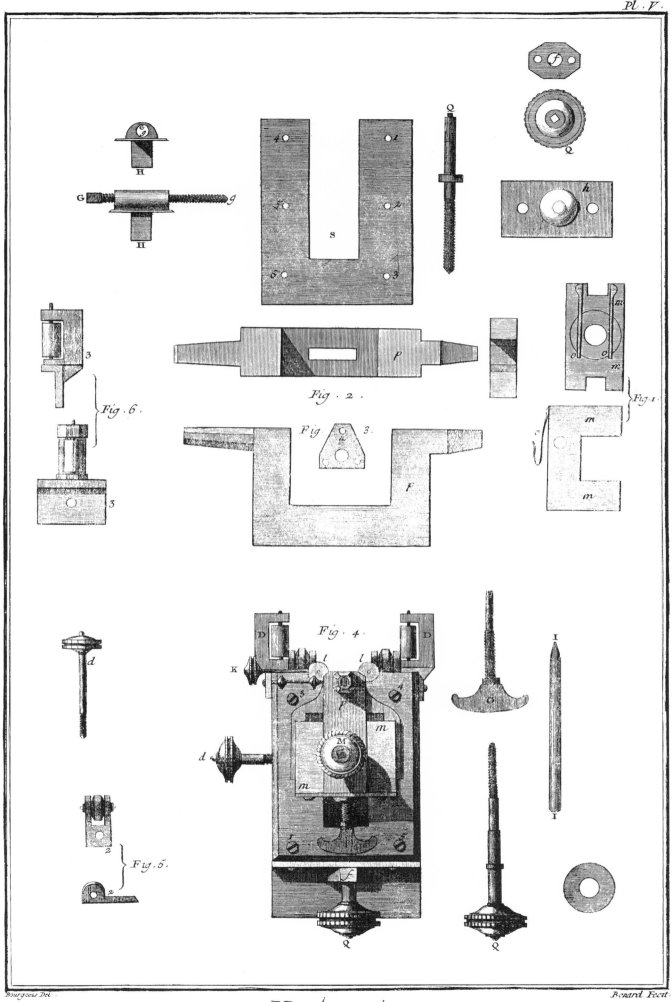

Pl. V.

Horlogerie,
Machine pour arrondir les Dentures

Pl. I.e A

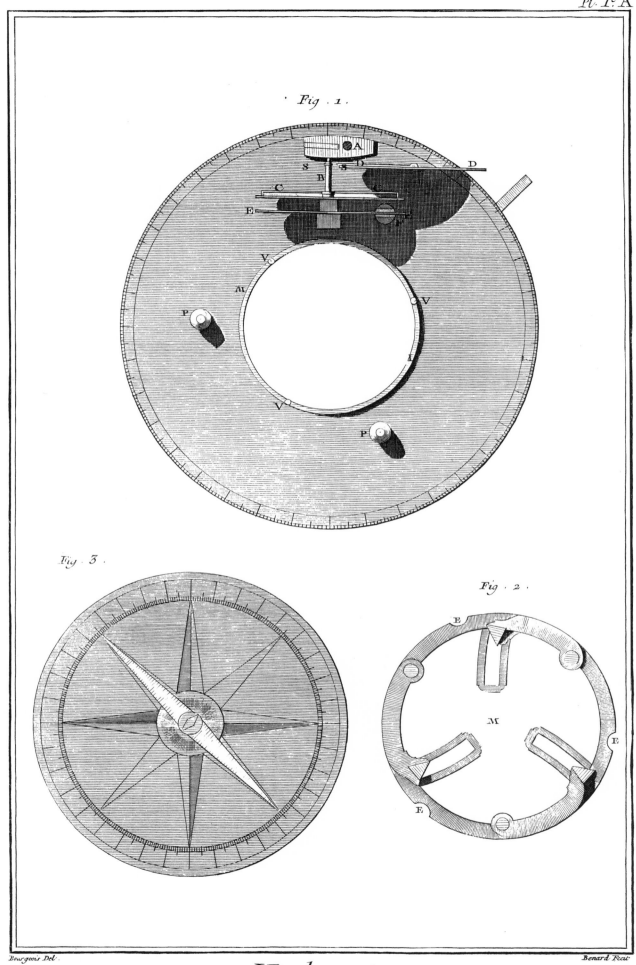

Fig. 1.

Fig. 3.

Fig. 2.

Horlogerie,

Machine pour les Expériences sur le frottement des Pivots.

Pl. II. A.

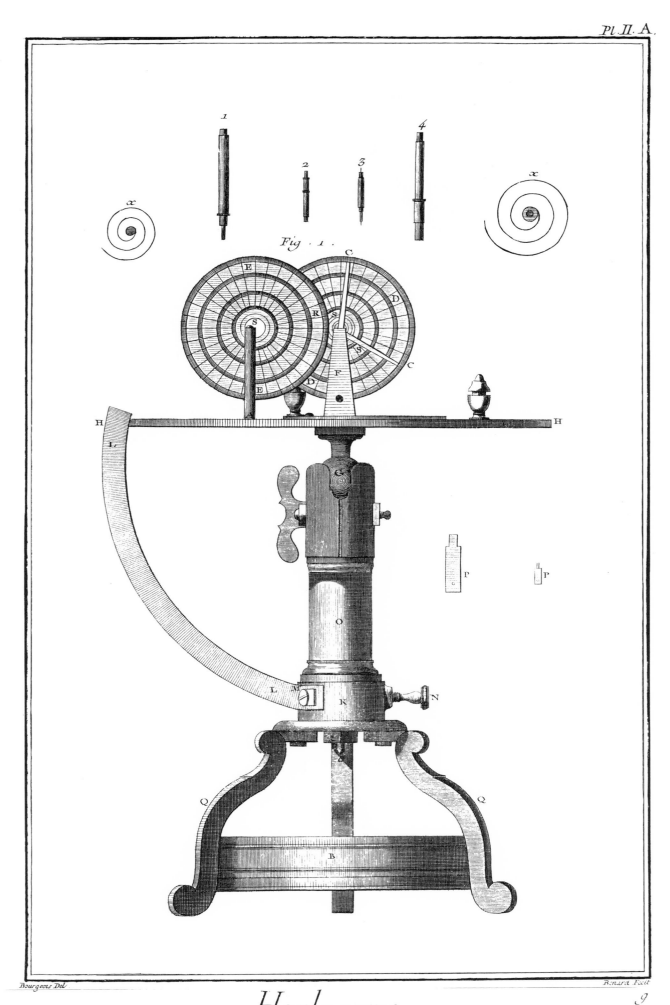

9

Horlogerie,

Machine pour les Expériences sur le frottement des Pivots.

Pl. III. A

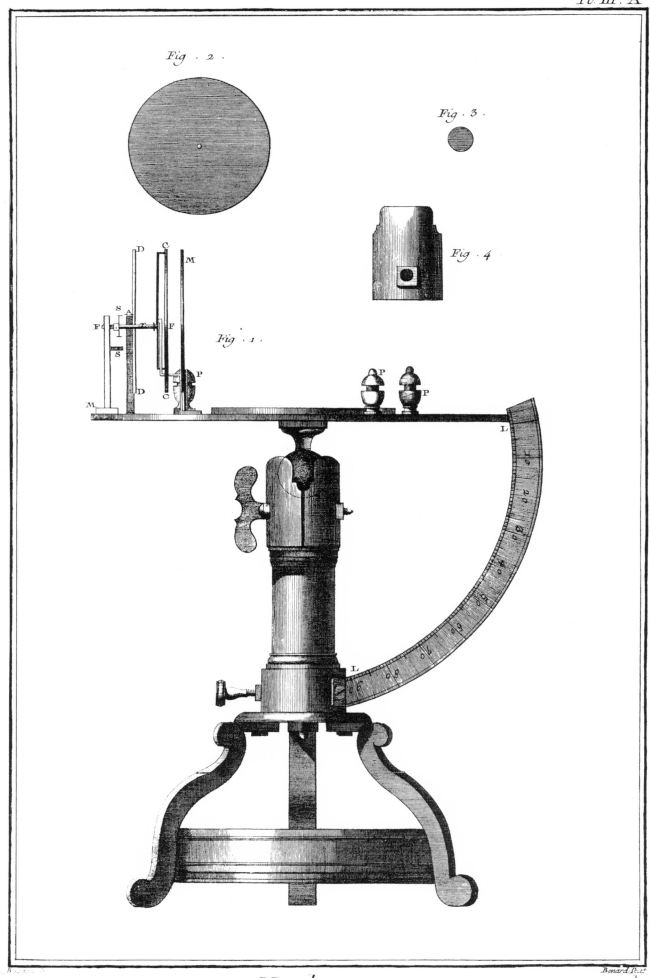

Fig. 2.

Fig. 3.

Fig. 4.

Fig. 1.

Horlogerie,

Machine pour les Expériences sur le frottement des Pivots.

Pl. IV. A

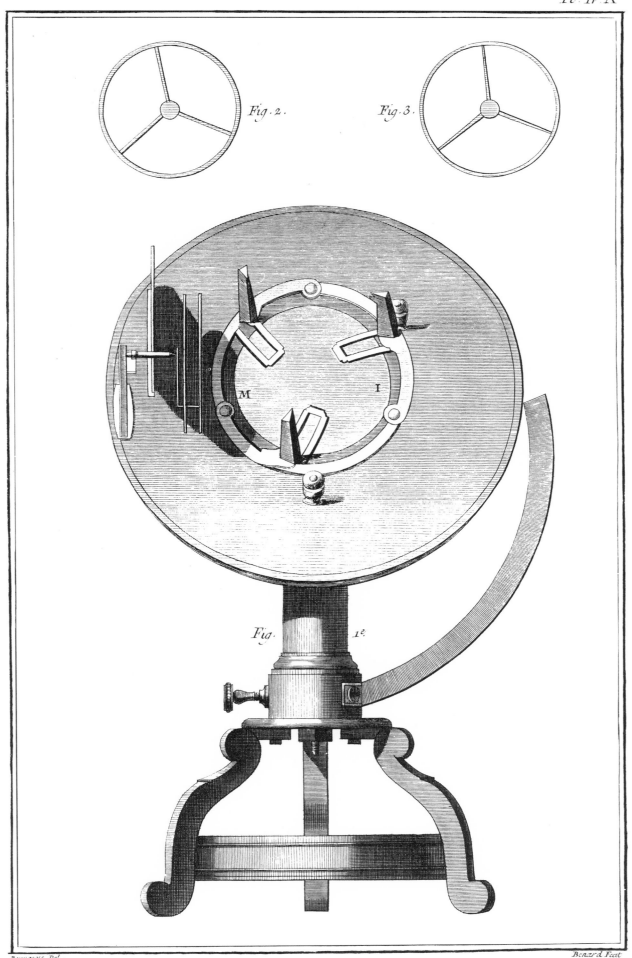

Fig. 2.   Fig. 3.

Fig. 1.ᵉ

Bourgeois Del.   *Benard Fecit.*

i

Horlogerie,

Machine pour les Expériences sur les frottement des Pivots.

Pl. V. A.

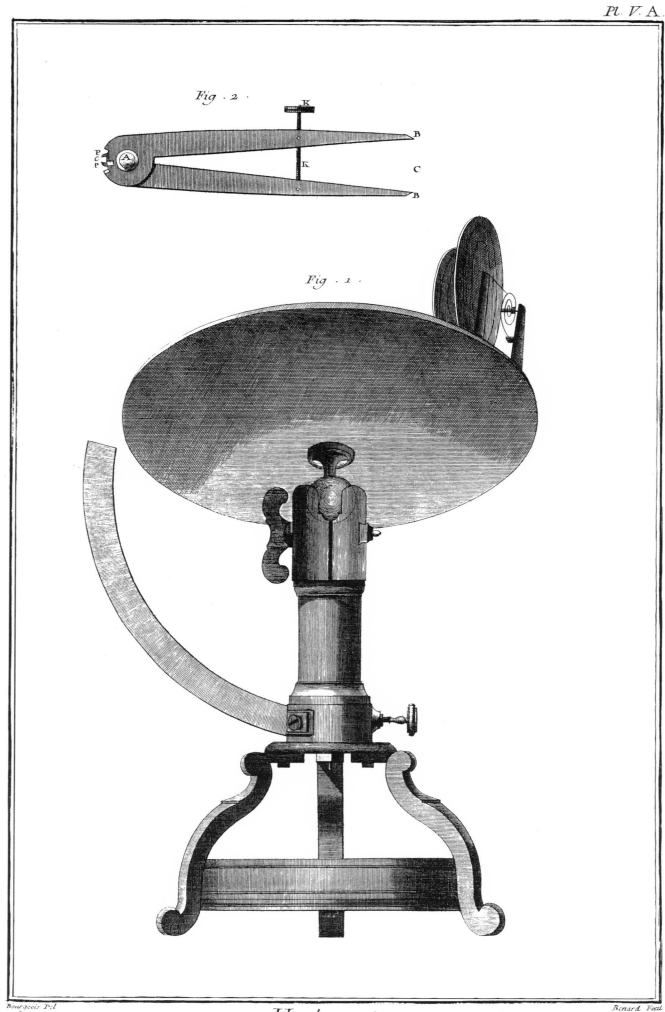

Fig. 2.

Fig. 1.

Horlogerie,
Machine pour les Expériences sur le frottement des Pivots.

Pl. I. B.

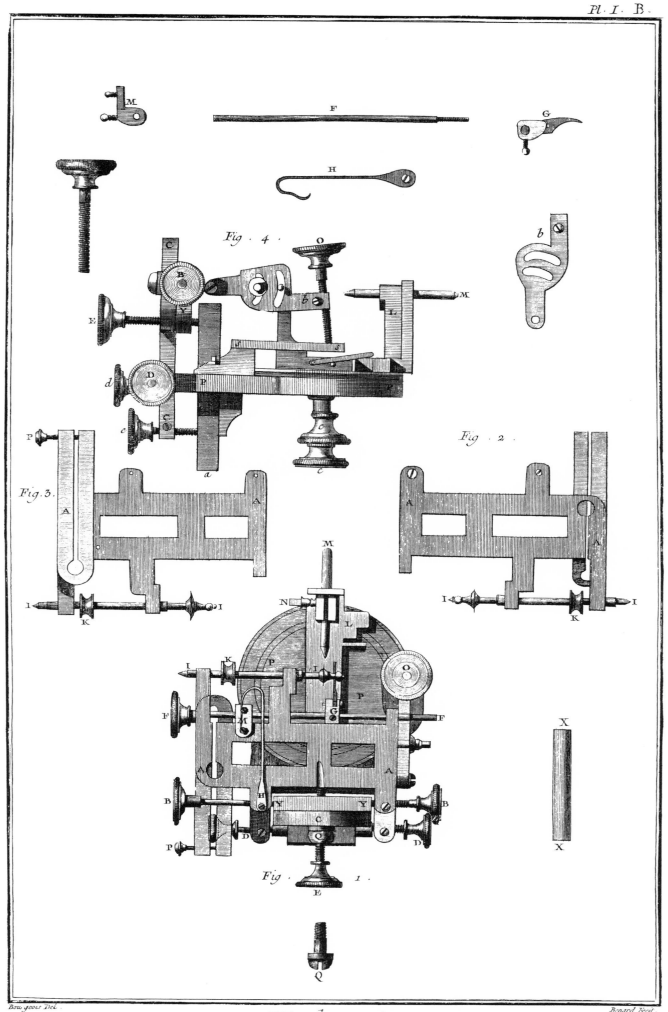

Horlogerie,

Machine pour Egalir les Roues de Rencontre

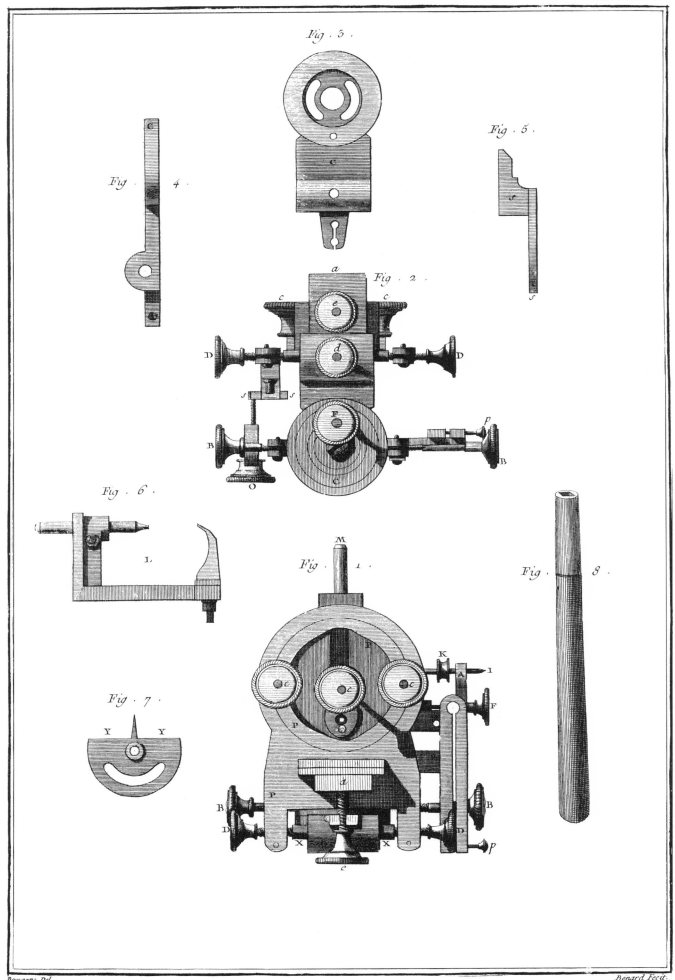

Pl. II. B.

Fig. 3.

Fig. 4.

Fig. 5.

Fig. 2.

Fig. 6.

Fig. 1.

Fig. 8.

Fig. 7.

Bourgeois Del.

Benard Fecit.

m

Horlogerie,
Machine pour Egalir les Roues de Rencontre

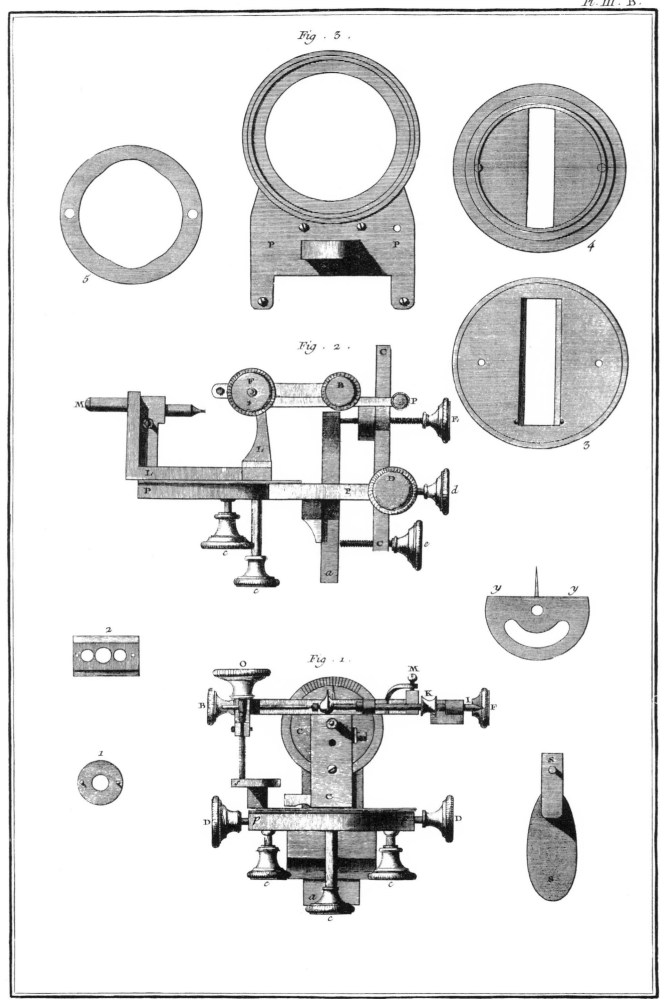

Pl. III. B.

Fig. 3.

Fig. 2.

Fig. 1.

Bourgeois del.

Benard Fecit.

Horlogerie

Machine pour Egalir les Roues de Rencontre.

Achevé d'imprimer
par MAME Imprimeurs à Tours
Dépôt légal : mars 2002 (N° 02012037)